www.ingramcontent.com/pod-product-compliance
Lightning Source LLC
LaVergne TN
LVHW010609070526
838199LV00063BA/5123

کھٹی میٹھی یادیں

(خاکے)

مصنف:

حیدر قریشی

© Taemeer Publications LLC

Khatti Meethi yaadein *(Khaake)*
by: Haider Qureshi
Edition: October '2023
Publisher & Printer:
Taemeer Publications LLC (Michigan, USA / Hyderabad, India)

ISBN 978-93-5872-709-8
9 789358 727098

مصنف یا ناشر کی پیشگی اجازت کے بغیر اس کتاب کا کوئی بھی حصہ کسی بھی شکل میں بشمول ویب سائٹ پر اَپ لوڈنگ کے لیے استعمال نہ کیا جائے۔ نیز اس کتاب پر کسی بھی قسم کے تنازع کو نمٹانے کا اختیار صرف حیدرآباد (تلنگانہ) کی عدلیہ کو ہو گا۔

© تعمیر پبلی کیشنز

کتاب	:	**کھٹی میٹھی یادیں (خاکے)**
مصنف	:	**حیدر قریشی**
صنف	:	غیر افسانوی ادب
ناشر	:	تعمیر پبلی کیشنز (حیدرآباد، انڈیا)
سالِ اشاعت	:	۲۰۲۳ء
تعداد	:	(پرنٹ آن ڈیمانڈ)
صفحات	:	۷۲
سرورق ڈیزائن	:	تعمیر ویب ڈیزائن

فہرست

(۱)	ڈاچی والیا موڑ مہاروے (دادا جی)	6
(۲)	مصری کی مٹھاس اور کالی مرچ کا ذائقہ (تایا جی)	11
(۳)	برگد کا پیڑ (ابا جی)	16
(۴)	مائے نی میں کنوں آکھاں (امی جی)	24
(۵)	پسلی کی ٹیڑھ (مبارکہ)	30
(۶)	پسلی کی ٹیڑھ (مبارکہ / دوسرا حصہ)	35
(۷)	بزمِ جاں	46
(۸)	ابتدائی ادبی زمانہ	53
(۹)	رہے نام اللہ کا	61

(خاکہ)

ڈاچی والیا موڑ مُہار وے

(دادا جی)

ایک ان دیکھے کی سوچوں میں گھرا رہتا ہوں میں
اُس کی آنکھیں اُس کا چہرہ سوچتا رہتا ہوں میں

میرے دادا جی قیام پاکستان سے کئی برس پہلے فوت ہو گئے تھے۔ میں نے دادا جی کو نہیں دیکھا مگر ان کے بارے میں اپنے دل میں ہمیشہ ایک انوکھی سی محبت محسوس کی۔ ان کے والد اور میرے پردادا حضرت میاں میر محمد گڑھی اختیار خاں کے پیروں میں شمار ہوتے تھے۔ حضرت خواجہ غلام فریدؒ کے روحانی دوست میاں درّ محمد (درّن سئیں) کے ساتھ رشتہ داری کا کچھ تعلق بھی تھا۔ پیری مریدی کا سلسلہ حضرت میاں میر محمد کو وراثت میں ملا تھا اور یہی ان کی زندگی تھا۔ دادا جی اپنے آباء واجداد کے پیری مریدی کے مروّجہ سلسلے سے بیزاری سی محسوس کرتے تھے۔ ابا جی اس سلسلے میں دادا جی کی جوانی کا ایک واقعہ سنایا کرتے تھے۔ دادا جی کے ایک رشتہ کے کزن نے ایک دن دادا جی سے کہا ایک کام کے سلسلے میں میرے ساتھ چلو۔ کئی کوس کا سفر کر کے دونوں ایک خستہ جھگی تک پہنچے۔ وہاں ایک مفلوک الحال شخص اپنی بیوی، بچوں اور ایک گدھی کے ساتھ موجود تھا۔ دادا جی کے کزن نے اس سے اپنا تعارف کرایا کہ میں تمہارے پیر گھرانے کا فرزند ہوں۔ وہ غریب بال بچوں سمیت ان کے قدموں میں بیٹھ گیا اور عقیدت کا جاہلانہ اظہار کرنے لگا۔ اس پر دادا جی کے کزن نے اسے کہنا شروع کیا:

''دیکھو۔ تمہاری اس جھگی میں میرا حصہ ہے''

''سئیں''

''تمہارے بیوی بچوں میں میرا حصہ ہے''

''سئیں''

''تمہاری گدھی میں بھی میرا حصہ ہے''

''سئیں''

وہ غریب پیر سائیں کی ہر بات پر ''سئیں'' (بجا ارشاد!) کا اقرار کرتا گیا۔ آخر ان کے کزن نے کہا جاؤ نذرانہ لے کر آؤ۔ اس غربت زدہ نے جھگی کے اندر سے کچھ مصری لا کر پیر جی کی خدمت میں پیش کی اور دادا جی اپنے کزن کے ساتھ لوٹ آئے۔۔ واپسی پر رستے میں دادا جی نے اپنے کزن کو لعنت ملامت کی کہ اتنی سی مصری کے لئے مجھے اتنا لمبا سفر کرایا۔ جواباً کزن نے کہا: یار! مسئلہ مصری کا نہیں تھا

مرید پکا کرنے کا تھا سو مرید پکا ہو گیا ہے۔ میرا خیال ہے اس طرح کے پیروں کو مریدوں کا ظالمانہ استحصال کرتے دیکھ کر ہی دادا جی پیری مریدی کے سلسلے سے بیزار ہوئے ہوں گے۔ کیونکہ پھر انہوں نے گڑھی اختیار خاں میں اپنے والد کی وراثت نہیں سنبھالی۔ سب کچھ چھوڑ چھاڑ کر خانپور چلے آئے اور یہاں فقیری زندگی بسر کی۔ گڑھی اختیار خاں کے پرانے کاغذات میں شاید میرے پردادا میاں میر محمد کے نام کی زمینیں ابھی بھی موجود ہوں مگر دادا جی نے نہ اپنی زمینوں کی طرف پلٹ کر دیکھا، نہ مریدوں کو قابو کرنے کا سوچا۔ آفرین ہے ابا جی اور بابا جی پر بھی کہ انہوں نے بھی اپنی پرانی زمینیں تلاش کرنے کی زحمت نہیں کی۔

خانپور میں دادا جی نے ایک شریف گھرانے کی لڑکی ''صاحب خاتون'' سے شادی کی۔ یہ میری دادی تھیں۔ ابا جی بتاتے تھے کہ وہ بمشکل چھ سال کے تھے جب ہماری دادی فوت ہو گئیں۔ ابا جی نے ایک لمبی سی قمیص پہنی ہوئی تھی۔ قمیص کی طوالت کے باعث نیچے کسی شلوار یا جانگیہ کی اُس زمانے میں ضرورت نہیں ہوتی تھی۔ قمیص کی جیب میں ریوڑیاں اور مکھانے بھر دیئے گئے تھے۔ ابا جی بتاتے تھے میں نے اپنی اماں کی تدفین کا سارا منظر دیکھا تھا۔ زیادہ تر ریوڑیاں مکھانے کھا کر دیکھتا رہا۔ کبھی کبھار رونے بھی لگ جاتا کہ یہ کیا ہو رہا ہے۔ دادی جان رحیم یار خاں میں فوت ہوئی تھیں۔ جب تک ہم وہاں رہے ابا جی ہر محرّم کی دس تاریخ کو ہمیں ساتھ لے کر قبرستان جاتے۔ دادی جان کی قبر پر پھول پتے اور خاص طور پر کھجور کے پتوں کی چھڑیاں چڑھاتے۔ خیرات کرتے، دعا کرتے۔ خان پور چلے گئے تو پھر کبھی کبھار رحیم یار خاں دعا کے لئے چلے جاتے۔ ایک دفعہ رحیم یار خاں سے آئے تو اُداس اُداس تھے۔ خود ہی بتانے لگے میں ماں کی قبر بھول گیا ہوں۔ بہت تلاش کی، نہیں ملی۔ قبرستان بہت پھیل گیا ہے۔ قبرستان کے مین گیٹ پر ہی کھڑے ہو کر دعا کر آیا ہوں۔ اس کے کچھ عرصہ بعد ہم نے خانپور میں موجود دادا جی کی قبر پختہ کرالی تاکہ بعد میں یہ بھی گم نہ ہو جائے۔۔ دادا جی نے ابا جی اور بابا جی کو ماں بن کر بھی پالا اور باپ بن کر بھی پالا۔ جب کچھ بڑے ہو گئے تو ابا جی کو رحیم یار خاں میں ان کے ماموں کے سپرد کر دیا اور بابا جی کو ان کی پھوپھی بوا نور خاتون کو سونپ دیا۔

دادا جی معمولی سا بیمار ہوئے اور فوت ہو گئے۔ گھر میں رونا پیٹنا مچ گیا۔ سارے عزیز و اقارب جمع ہو گئے۔ دادا جی کو غسل دے دیا گیا تو اٹھ کر بیٹھ گئے۔ وفات کی خبر سن کر آئے ہوئے سارے لوگ خوفزدہ ہو گئے۔ کچھ چیختے چلاتے گھر سے نکل بھاگے، ایک دو عزیز دہشت سے بے ہوش ہو گئے۔ ابا جی کو ''شادیٔ مرگ'' کا مطلب پوری طرح سمجھ میں آ گیا۔ دادا جی اُٹھ کر بیٹھ گئے اور فوراً کہنے لگے دوسری گلی سے اللہ رکھا کمہار کا پتہ کراؤ۔ وہاں سے پتہ کیا گیا تو معلوم ہوا کہ ابھی ابھی بیٹھے بیٹھے ہی فوت ہو گیا ہے۔ دادا جی نے ایک انوکھی کہانی سنائی۔ انہوں نے بتایا کہ مجھے دو سفید کپڑوں والے کہیں لئے جا رہے تھے کہ ایک مقام پر رُکنا پڑا۔ وہاں موجود کچھ اور سفید کپڑوں والوں نے ایک رجسٹر چیک کیا (اسے عالم بالا کا شناختی

کارڈ آفس سمجھ لیں) دادا جی کو لے جانے والوں کو، چیکنگ کرنے والوں نے کہا: باری تو اللہ رکھا کمہار کی تھی تم لوگ اللہ رکھا قریشی کو لے آئے ہو۔ چنانچہ غلطی معلوم ہو جانے کے بعد دادا جی کو پھر اس دنیا میں واپس لایا گیا اور اسی وقت اللہ رکھا کمہار کی موت واقع ہو گئی۔ جہاں تک اس واقعہ کی صحت کا تعلق ہے ابا جی، بابا جی، بوا حیات خاتون۔۔سب نے یہ واقعہ اپنی چشم دید گواہی پر بیان کیا۔ چاچڑاں شریف اور کوٹ شہباز کے بعض دُور کے اور بوڑھے عزیزوں نے بھی تصدیق کی کہ ہم بھاگ نکلنے والوں میں شامل تھے۔ اس قصے کا اصل بھید کیا تھا؟ یہ تو شاید کوہ ندا کی دوسری سمت جا کر ہی معلوم ہو سکے۔ دلچسپ بات یہ ہے کہ سفید کپڑوں والے سارے فرشتے سرائیکی زبان بول رہے تھے۔ ظاہر ہے انہیں علم تھا کہ ہمارے دادا جی صرف سرائیکی زبان ہی جانتے ہیں۔

دادا جی کے بارے میں مشہور تھا کہ کسی سائل کو خالی ہاتھ نہ جانے دیتے تھے۔ ابا جی نے بتایا تھا کہ ایک دفعہ دادا جی کے پاس کچھ بھی نہیں تھا۔ ایک سائل آ گیا۔ دادا جی نے کچھ سوچا اور پھر اپنی قمیص اتار کر اسے دے دی۔ خدا کا شکر ہے کہ اس کے فوراً بعد کوئی اور سائل نہیں آ گیا کیونکہ اس وقت دادا جی کے جسم پر صرف ایک چادر تھی جو انہوں نے نیچے باندھی ہوئی تھی اور یہ تو طے ہے کہ انہوں نے سائل کو بہر حال خالی ہاتھ نہیں جانے دینا تھا۔ یہ جملہ لکھتے ہوئے مجھے ایسا لگا ہے جیسے دادا جی عالم بالا سے ہی میری شرارت پر مسکرا رہے ہیں اور ابا جی سے کہہ رہے ہیں: ''غلام سرور! ڈیکھ گھن اپنڑے پتر دے لقا'' (غلام سرور! اپنے بیٹے کی شرارت دیکھ لو)۔

دادا جی کو باز پالنے کا بہت شوق تھا۔ شکار کے شوقین تھے۔ باز کے ساتھ شکار کھیلتے۔ گھر پر زیادہ تر شکار کا گوشت پکتا جو عموماً تیتر کا ہوتا تھا۔ شکار کے لئے کمان نما غلیل بھی استعمال کرتے تھے۔ یہ غلیل ایک عرصہ تک خانپور میں ہمارے پاس محفوظ رہی۔ میں اسے کمان سمجھتا تھا۔ ۱۹۷۳ء میں خانپور میں قیامت خیز سیلاب آیا تو ہمارا گھر گر گیا۔ وہ غلیل اسی سیلاب کی نذر ہو گئی۔

دادا جی کے دور میں ان کے علاقے میں زندگی محدود تھی، وژن محدود تھا، دادا جی ان حدود سے کچھ آگے نکلنا چاہتے تھے سو محدود زندگی کی قید سے نکل کر لامحدود کی فضاؤں میں پرواز کرنے کے لئے کبھی کبھی افیون استعمال کر لیتے تھے۔ میں دادا جی کو انقلابی آدمی سمجھتا ہوں کیونکہ اُس زمانے میں بنے بنائے، بندھے بندھائے مرید چھوڑ کر آزاد نکل جانا بہت بڑا انقلابی قدم تھا۔ وہ روحانیت کا ڈھونگ رچا کر سادہ لوح لوگوں کے جذبوں کا استحصال نہیں کرنا چاہتے تھے۔۔ دادا جی جسمانی لحاظ سے دبلے پتلے تھے مگر ان کا جسم کسرتی تھا۔ شکار کے شوق کے باعث ان میں پھرتیلا پن بہت تھا۔ رنگ سانولا مگر نقش تیکھے تھے۔ ہماری بہن شاہدہ کو دیکھ کر بابا جی اکثر کہا کرتے تھے یہ ہمارا ابا ہے۔

امی جی نے دادا جی کو نہیں دیکھا تھا۔ امی جی بتاتی تھیں کہ ایک دفعہ ابا جی کسی بات پر امی جی سے ناراض ہوئے۔ پھر حسبِ عادت صلح بھی کر لی مگر ابا جی کی ناراضگی کے باعث امی جی کے دل پر گہرا اثر تھا۔ اسی

حالت میں سوگئیں۔خواب میں دیکھا کہ ہمارے دادا جی آئے ہیں۔انہوں نے امی جی کے سر پر دست شفقت رکھا، پیار کیا۔امی جی کو کچھ نقدی دی اور کہا: میں غلام سرور کو ڈانٹوں گا آئندہ تمہیں رنج نہیں دے گا۔امی جی کی آنکھ کھلی تو بے حد حیران ہوئیں۔ابا جی کو سارا خواب سنا کر دادا جی کا حلیہ بھی بتایا۔ابا جی بھی حیران ہوئے کیونکہ امی جی کا بیان کردہ حلیہ سو فیصد درست تھا۔اس خواب کے تھوڑا عرصہ بعد دادا جی کی دی ہوئی نقدی کے نتیجہ میں ہماری بڑی بہن آپی پیدا ہوئی۔

دادا جی کو پرانی طرز کا گایا ہوا ایک گیت بہت پسند تھا۔شاید انہیں دنوں میں اس گیت کا پہلا ریکارڈ ریلیز ہوا ہو۔''ڈاچی والیا موڑ مہار وے!''۔۔مگر صحرا کی وسعتوں میں بڑھتے چلے جانے والے مہاراں کہاں موڑتے ہیں۔دادا جی گڑھی اختیار خاں سے چند کوس کے فاصلے پر تھے مگر وہ بھی پھر خانپور سے ڈاچی کی مہار موڑ کر گڑھی کی طرف کبھی نہیں گئے۔

ابا جی بتاتے تھے: دادا جی آخری ایام میں معمولی سا علیل ہوئے پھر ٹھیک ہو گئے۔ان دنوں میں ابا جی انہیں رات کو دیر تک دباتے رہتے اور جب تک دادا جی خود نہ کہتے کہ بیٹا بس کرو،تب تک دباتے رہتے۔ اُس رات اتفاق سے دادا جی گہری نیند سو گئے اور ابا جی اپنی دُھن میں ساری رات دادا جی کو دباتے رہے یہاں تک کہ فجر کی اذان ہو گئی۔تب دادا جی چونک کر بیدار ہوئے اور کہنے لگے غلام سرور! تم ساری رات دباتے رہے ہو۔۔پھر دعائیں دیتے ہوئے کہنے لگے اب بس کرو۔ابا جی وہاں سے اٹھ کر محلے کی مسجد میں نماز پڑھنے چلے گئے۔واپس آئے تو بابا جی نے کہا: غلام سرور! ابا فوت ہو گئے ہیں۔۔ڈاچی والے عرب اور چولستان کے صحراؤں سے بھی آگے کائنات کے وسیع تر صحرا کی طرف چلے گئے اور کتنے اطمینان وسکون کے ساتھ چلے گئے۔

بچپن میں میری خواہش ہوتی تھی کہ جلدی سے بڑا ہو کر ابو بن جاؤں اور اپنے بچوں کو ڈانٹا کروں۔ اب میری خواہش ہے کہ بچوں کی شادیاں کر کے دادا بن جاؤں۔پھر دادا بن کر اپنے پوتوں میں اپنے بچپن کو اور اپنے آپ میں اپنے دادا جی کو دیکھوں۔اپنے دادا جی کے بارے میں مجھے علم ہے کہ:

وہ بڑ
کب کا صحرا کے سینے میں گم ہو چکا ہے
مگر آج میں جانتا ہوں
وہ میری ہی تصویر تھا
میرا اوتار تھا/میرا چہرہ تھا وہ
میں نے خود اُس کو بھیجا تھا/اپنی طرف
اسے خود بلاتا ہوں اپنی طرف!

میری دادا بننے کی خواہش دراصل اپنے دادا جی کو بلانے کی خواہش ہے۔

ڈاچی والیا موڑ مہار وے!

مجھے یقین ہے ڈاچی والا میری آواز پر اس بار ضرور مہاراں موڑے گا۔ کیونکہ یہ اسی کی اپنی آواز ہے۔

☆ ☆ ☆

(خاکہ)

مصری کی مٹھاس اور کالی مرچ کا ذائقہ

(تایا جی)

نظر سے دور ہے لیکن نظر میں ہے پھر بھی
کہ عکس اپنے مرے آئنوں میں چھوڑ گیا

ابا جی کے بھائی۔ جنہیں ہم سب بابا جی کہتے تھے، ابا جی سے عمر میں بڑے تھے۔ ابا جی نے زندگی ایک مقالہ نگار کی طرح بسر کی تو بابا جی نے انشائیہ نگار کی طرح زندگی گزاری۔ وہ صراط مستقیم کی صداقت کے قائل تھے مگر ٹیڑھی میڑھی اور اونچی نیچی پگڈنڈیوں پر چلنا اور ارد گرد بکھرے ہوئے رنگوں اور خوشبوؤں سے لطف اٹھانا انہیں پسند تھا۔ بابا جی نے بھر پور جوانی بسر کی۔ ابا جی اور بابا جی دونوں ایک دوسرے کے نیگیٹو تھے۔ ابا جی کے مزاج کے برعکس بابا جی خواتین کی محفلوں میں بیٹھ کر ہمیشہ خوش ہوتے۔ نماز کے قریب نہیں پھٹکتے تھے۔ کبھی زور لگا کر فجر کی نماز پڑھا دی تو سارا دن بہانے بنا بنا کر لڑتے۔ جمعہ کا دن آتا تو صبح سویرے ہی ان کی طبیعت خراب ہو جاتی اور عید کے موقعوں پر تو احتیاطاً ایک دن پہلے ہی بیمار ہو جاتے۔ روزوں کا معاملہ بھی کچھ ایسا ہی تھا۔ ایک دفعہ میں نے انہیں کہا: ''بابا جی تین دن بعد رمضان شریف کے روزے شروع ہو رہے ہیں'' بابا جی میری شرارت کو بھانپ گئے۔ پورے اعتماد کے ساتھ بولے: ''ہاں بھئی۔ اللہ کے نیک بندے روزے رکھیں گے۔ ہم تو بڑے گنہگار ہیں''۔ ایک آدھ دفعہ انہیں مجبور کر کے روزہ رکھوا دیا گیا تو عصر کے وقت ہی افطاری کے سارے لوازمات سجا کر بیٹھ گئے۔ کچھ دیر بعد بولے: ''آج دن کی رفتار خاصی سست ہے''۔ کسی نے مذاقاً کہہ دیا: ''آج دن کو بھی پتہ ہے کہ بابا جی نے روزہ رکھا ہوا ہے اسی لئے سلو موشن میں چل رہا ہے''۔ بابا جی کا پارہ چڑھ گیا۔ مؤذن کے بارے میں گرم ہونے لگ گئے وہ بھی کہیں سو گیا ہے یا مر گیا ہے۔ دراصل روزے کے معاملے میں بابا جی غالب کے ہم خیال تھے ۔

روزہ مرا ایمان ہے غالبؔ لیکن　　خس خانہ و برفاب کہاں سے لاؤں

بابا جی کے ''خس خانہ و برفاب'' سے مراد ''روزہ رکھنے کا حوصلہ'' ہے۔ اس کے باوجود بابا جی خدا کی بے پایاں رحمت اور اپنے آقا حضرت محمد ﷺ کی شفاعت پر کامل ایمان رکھتے تھے۔ سیدھے سادے مسلمان تھے۔ کبھی کبھی موج میں ہوتے تو کہتے: ہم خدا کی اپنی بنائی ہوئی مخلوق ہیں۔ ہماری ساری غلطیاں اور گناہ وہ بخش دے گا۔ ویسے بھی کون ہے جو محض اپنی نیکیوں اور عبادتوں کے بل پر اپنی بخشش ہو جانے کا دعویٰ کرتا ہے۔ قوالی سننے کے رسیا تھے۔ عزیز میاں اور صابری برادران کی قوالیاں سن کر باقاعدہ

جھومنے لگتے۔

آزادہ روی باباجی کے مزاج میں بچپن سے ہی تھی۔ داداجی نے انہیں سکول میں داخل کرایا۔ پہلے دن ہی قاعدہ اور تختی کنویں میں پھینک آئے۔ داداجی نے تین دفعہ قاعدہ لے کر دیا۔ باباجی تینوں دفعہ کنویں میں پھینک آئے۔ آخر داداجی نے حقائق کو تسلیم کرلیا اور باباجی کو پڑھائی میں الجھانے کی کوشش ترک کردی۔

باباجی ہمارے اباجی سے عمر میں پندرہ سال بڑے تھے۔ اباجی جب پرائمری سکول میں پڑھنے جاتے تو واپسی پر ایک درخت کے نیچے لیٹ کر سو جاتے۔ باباجی باقاعدگی سے اباجی کو گود میں اٹھا کر گھر لاتے۔ بڑے بھائی ہونے کے ناطے باباجی احترام کے لائق تھے مگر ہم نے جب سے ہوش سنبھالا یہی دیکھا کہ باباجی ہمارے اباجی کا ایسے احترام کرتے جیسے سعادت مند چھوٹے بھائی اپنے بڑے بھائی کا احترام کرتے ہیں۔ اباجی جب پینتالیس سال کے تھے باباجی ساٹھ سال کے تھے۔ اباجی پچاس سال کے ہوئے باباجی ساٹھ سال کے رہے۔ اباجی چونسٹھ سال کی عمر میں وفات پا گئے۔ باباجی پھر بھی ساٹھ سال سے آگے بڑھنے کو تیار نہ تھے۔ ہم نے منت سماجت کی تو بمشکل پینسٹھ سال کے ہوئے اور پھر جب بیاسی سال کی عمر میں فوت ہوئے تب بھی پینسٹھ سال کے تھے۔ دراصل باباجی کو گزرتی ہوئی عمر کو روکنے کا ہنر آتا تھا۔ مرتے دم تک باباجی نے ورزش کو ہی اپنی عبادت بنائے رکھا اور اس ورزش کی برکت سے بیاسی سال کی عمر تک بالکل ہشاش بشاش رہے۔

باباجی کو پہلوانی کا شوق تھا، خانپور کے علاقہ میں اپنے زمانے میں اچھے پہلوان مانے جاتے تھے۔ عمر ڈھل گئی تو انہوں نے شاگرد پالنے شروع کر دیئے۔ کشتی کے داؤ پیچ سکھانے میں باباجی ماہر تھے۔ ''استاد جی'' کہلوا کر خوش ہوتے۔ جہاں بھی رہے اپنے شاگردوں کا حلقہ پیدا کیا۔ جب وہ انہیں ''استاد جی'' کہہ کر پکارتے تو بے حد خوش ہوتے۔ ہم پانچ بھائی ہیں اور پانچوں فری اسٹائل ریسلنگ دیکھنے کے شوقین۔ ہم بھائی جب بھی اکٹھے ہوتے تھے ہماری اہم ترین مصروفیت ریسلنگ کی تازہ ترین فلمیں دیکھنا اور پرانی کشتیوں پر تبصرہ کرنا ہوتی تھی۔ ہم ہوگن، اینڈ ر دی جائنٹ، میچومین، کمالا، رِک فلئیر، روڈی پائپر جیسے پہلوانوں کی باتیں کرتے تو باباجی کو شدید غصہ آتا۔ فری اسٹائل کشتی کے فن کو صلواتیں سناتے اور پھر دیسی کشتی کے محاسن اور فضائل پر طویل لیکچر دے ڈالتے۔ باباجی بلب کے مقابلے میں تیل کے چراغ، فرج کے مقابلے میں گھڑے اور نئے دور کے مقابلے میں پرانی روایات کو ترجیح دیتے تھے۔ انہوں نے ہزار بحثوں کے بعد بھی زمانے کے ارتقاء کا اعتراف کرنے سے ہمیشہ انکار کیا۔

اباجی اور باباجی دو بھائی تھے۔ اس خاندان میں پچھلی کئی پشتوں سے یہ ہو رہا تھا کہ دو بیٹے پیدا ہوتے، ایک اولاد سے محروم رہتا اور ایک کے ہاں پھر دو بیٹے ہو جاتے۔۔ چنانچہ باباجی بھی اولاد کی نعمت سے محروم رہے لیکن ان کی وفات کے ساتھ ہی ہمارے خاندان کی اس نسل در نسل روایت کا بھی خاتمہ ہو گیا۔ شروع

شروع میں باباجی کو اولاد سے محرومی کا قلق رہا پھر پتہ نہیں انہوں نے قسمت کے لکھے سے سمجھوتہ کرلیا یا انہیں اتنی بڑی کائنات میں انسان کی بے وقعتی کا احساس ہو گیا کیونکہ پھر انہوں نے زندگی سے مسرت کشید کرنے کا عمل تیز کر دیا۔

باباجی کی آنکھ میں موتیا اتر آیا۔ آپریشن ہوا، کامیاب رہا مگر نظر مزید کمزور ہو گئی۔ انہوں نے ٹی وی دیکھنا چھوڑ دیا۔ ٹی وی دیکھنا چھوڑ کر بھی باباجی کے ''حُسنِ نظر'' میں کمی نہیں آئی۔ جیسے ہی ملکۂ ترنم نور جہاں کا کوئی نغمہ سنائی دیتا، نغمہ سننے اور ملکہ ترنم کی زیارت کے لئے ٹی وی والے کمرے میں آجاتے۔ نور جہاں کا نغمہ بڑی محویت سے سنتے بلکہ بڑی محویت سے دیکھتے۔ ایک موقعہ پر تو عالمِ محویت میں ان کی عینک ہی گر گئی تھی۔۔ پھر یوں ہوا کہ مسرت نذیر یکا یک ٹی وی پر نمودار ہو گئی۔ بچوں نے اپنی عمر سے آگے بڑھ کر جوان ہونا شروع کر دیا اور بوڑھوں نے ریورس گیئر میں جوان ہونا شروع کر دیا۔ باباجی بھی مزید جوان ہو گئے۔ مسرت نذیر کے گائیکی کے انداز نے باباجی کی توجہ کھینچ لی تھی۔ اس کے باوجود باباجی نے ملکۂ ترنم نور جہاں سے تعلق خاطر کو ٹوٹنے نہیں دیا۔ البتہ یہ تعلق کمزور ضرور پڑ گیا۔ مثلاً ایک بقرعید پر ملکۂ ترنم کا نغمہ دکھایا گیا۔ باباجی محبت کا بھرم رکھنے کے لئے اٹھ کھڑے ہوئے مگر ٹی وی والے کمرے تک پہنچتے پہنچتے اتنی دیر ہو گئی کہ گانا ختم ہو گیا اور باباجی الٹے پاؤں یوں لوٹ گئے جیسے ملکہ ترنم سے کہہ رہے ہوں:
''اچھا اگلی بقرعید پر سہی!''۔

ہمارے بچپن میں باباجی ایک دفعہ مجھے اور آپی کو اپنے اکھاڑے میں لے گئے۔ ہم دوسری کشتیاں دیکھتے رہے لیکن جیسے ہی باباجی اکھاڑے میں اترے اور اپنے حریف سے پنجہ آزمائی کرنے لگے ہم نے یہ سمجھا کہ دوسرا آدمی ہمارے باباجی کو مارے گا۔ چنانچہ ہم نے رونا اور چیخنا شروع کر دیا۔ ہماری چیخ و پکار سے مجبور ہو کر باباجی کو کشتی ادھوری چھوڑنا پڑی۔ آکر ہمیں تسلّی دیتے رہے کہ میں اپنے حریف کو پچھاڑ دوں گا مگر ہم نے انہیں کشتی نہیں لڑنے دی۔

باباجی نے دو شادیاں کیں مگر دونوں ناکام ہوئیں۔ بواحیات خاتوں بتایا کرتی تھیں کہ پہلی بیوی کے ساتھ باباجی زیادتیاں کرتے تھے۔ باباجی اس الزام پر ہمیشہ برہم ہو جاتے۔ دوسری بیوی کا حال ہم نے خود دیکھا۔ اس نے ہمیشہ باباجی کے ساتھ زیادتی کی۔ باباجی جہاں تک برداشت کر سکتے تھے، کرتے رہے۔ جب قوت برداشت جواب دے گئی تو علیٰحدگی ہو گئی۔ ممکن ہے اولاد ہوتی تو باباجی کی قوتِ برداشت بڑھ جاتی اور دونوں میں علیحدگی کی نوبت نہ آتی۔ باباجی کی بیویوں نے باباجی کا ساتھ نہیں دیا تھا یا باباجی اپنے ساتھ نہیں نبھا پائے، یہ خدا ہی بہتر جانتا ہے۔ مگر یہ ایک حقیقت ہے کہ باباجی نے اباجی کا زندگی بھر ساتھ دیا۔۔ بُرے وقتوں میں کام آئے، بھلے وقتوں میں کام آئے۔ ان کی جائیداد بے شک ان کی موت کے بعد ہمارے حصے میں ہی آتی مگر اپنی زندگی میں ہی اپنی جائیداد بھائی، بھتیجوں کے سپرد کر دینا بڑے حوصلے اور دل جگرے کا کام ہے۔ باباجی نے یہ کام کیا۔ ہمارے ساتھ نیکی کی احسان کیا۔ اس کا

اجرانہیں خدا سے ملے گا۔

میرے بچوں سے بابا جی بہت مانوس تھے۔رضوانہ، زلفی، شازی، ٹیپو، مانو پانچوں سے انہیں محبت تھی۔ بابا جی کالی مرچ، سونف، مصری، بادام اورالائچی وغیرہ کاوافر اسٹاک اپنے پاس رکھتے اورانہیں عام طور پر استعمال کرتے رہتے۔بچوں کومصری اور بادام دیا کرتے تھے۔محلے کے بچوں میں بھی مصری بانٹا کرتے تھے۔چنانچہ محلے میں ''مصری والے بابا'' کے نام سے مشہور ہوگئے۔

بابا جی صاف دل اورسادہ مزاج انسان تھے۔انہوں نے کبھی خود کونیک اور متقی باور کرانے کی کوشش نہیں کی۔غصہ آتا تو پینے کی کوشش نہیں کرتے تھے، برملا اظہار کردیتے تھے۔چنانچہ آخری پانچ برسوں میں مہینے میں ایک آدھ بار جھگڑا ضرور کرلیتے۔دراصل اپنی صاف دلی اورسادہ مزاجی کے باعث ''لائی لگ'' تھے۔جھگڑا اُس وقت کرتے جب بعض رشتہ دار انہیں بھڑکاتے۔جب جھگڑا کر چکتے پھر خود ہی بتادیتے کہ مجھے فلاں فلاں نے اس طرح غصہ دلایا تھا۔چنانچہ ہم کسی عزیز سے تلخی پیدا کئے بغیر فساد پھیلانے والے رشتہ داروں سے واقف ہوگئے اور خود ہی محتاط رہنے لگے،مگر بابا جی کا کمال یہ تھا کہ کچھ عرصہ ٹھنڈا رہنے کے بعد پھرانہیں رشتہ داروں کے ہاں آنے جانے لگتے۔

حق مغفرت کرے عجب آزادمرد تھے

بابا جی کومٹی سے بڑی محبت تھی۔شروع شروع میں گھر کے کچے صحن میں آلتی پالتی مار کے بیٹھے رہتے۔ پھرگھر کے باہر بھی اسی طرح بیٹھنے لگے، بلکہ بعض دفعہ خاک پر نیم دراز ہوجاتے۔میں نے ان سے ایک دوبارمؤ دبانہ درخواست کی کہ اس طرح سرِ راہ نہ بیٹھا کریں۔ان کا جواب تھا مجھے مٹی سے محبت ہے،اس کی خوشبواچھی لگتی ہے۔میں نے گذارش کی کہ صحن کی مٹی کی خوشبو سے ہی محبت پوری کرلیجئے مگر وہ تو شاید ''تمنا'' کادوسرا قدم ڈھونڈنے کے چکر میں تھے۔آخر میں نے انہیں اپنی اوران کی قریشیت کا واسطہ دے کرکہا آپ جس طرح سرراہ مٹی سے اظہار محبت فرما رہے ہیں اس میں محبت کی بھی رسوائی ہےاور مجھے خدشہ ہے کہیں راہ گیرآپ کے سامنے پیسے نہ ڈالنے شروع کردیں۔۔میرا تیر ٹھیک نشانے پر بیٹھااور بابا جی لاحول ولاقوۃ پڑھتے ہوئے ایک دم چھلانگ مار کر کھڑے ہوگئے۔اس کے بعد بابا جی گھر کے صحن میں ہی مٹی سے اظہار محبت کرتے رہے۔

دراصل بابا جی کے اندر ایک بڑا مضبوط دراوڑ موجود تھا۔مٹی سے جڑا ہوا، ماضی اوراس کی روایات سے چمٹا ہوا۔ہم لوگ بابا جی کے لئے آریائی ثابت ہوئے کہ انہیں خانپور سے دھکیلتے ہوئے بالائی پنجاب تک لے آئے لیکن بابا جی کے من میں جو دنیا آباد تھی وہ ویسے ہی آباد رہی۔خانپور چھوڑنے کے بعد وہ کیسٹ پلیئر پر اکثر یہ گانا سنا کرتے ''چل اُڑ جا رے پنچھی کہ اب یہ دیس ہوا بیگانہ''۔گانا سن کر اداس ہوجاتے۔ مگر کیسٹ پلیئر کے مقابلے میں گراموفون مشین کی آواز انہیں زیادہ فطری لگتی رہی۔وہ جدید ٹیکنالوجی سے کبھی مرعوب نہ ہوئے۔حالانکہ گراموفون مشین اسی جدید ٹیکنالوجی کی ابتدائی صورت تھی،مگر میرا خیال

ہے باباجی اس معاملے کو کسی اور زاویے سے دیکھتے اور سوچتے تھے۔۔کبھی کبھی ایسے لگتا ہے جیسے باباجی نے جو دنیا اپنے من میں آباد کر رکھی تھی وہ دنیا تو میرے من میں بھی آباد ہے۔اور اب تو باباجی کی بہت سی ایسی باتیں بامعنی لگنے لگی ہیں جو ان کی زندگی میں بے معنی لگتی تھیں۔

باباجی ایک اچھے دراوڑ کی طرح مٹی سے محبت بھی کرتے تھے اور موت سے خائف بھی رہتے تھے۔ موت کا کوئی قصّہ کبھی ہم لے بیٹھتے تو باباجی ناراض ہو جاتے اور کہتے موضوع تبدیل کرو۔ہم انہیں تنگ کرنے کے لئے کہتے باباجی جب ہر کسی نے ایک نہ ایک دن مرنا ہے تو پھر موت سے ڈر کیسا۔۔ پہلے باباجی کچھ گھبراتے پھر جی کڑا کر کے کہتے میں پہلوان ہوں آسانی سے جان نہیں دوں گا۔۔لگتا ہے فرشتۂ اجل کو بھی باباجی کے خوف پر رحم آ گیا ہوگا کیونکہ موت ان کی طرف ایسے آئی کہ نہ انہیں پتہ چل سکا، نہ ہمیں پتہ چل سکا۔ بازار سے گھوم پھر کر، اپنے شاگردوں سے مل کر آئے، گھر کے صحن سے برآمدے تک پہنچے اور چلتے چلتے ہی جان دیدی۔۔میرے داداجی کے بڑے بیٹے قریشی غلام حسین۔۔میرے اباجی کے بڑے بھائی، ہم سب کے تایاجی فوت ہو گئے۔مصری کی مٹھاس اور کالی مرچ کا ذائقہ دونوں ایک ساتھ کھو گئے۔باباجی کی زندگی میں ہی میرا ایک افسانہ ''دھند کا سفر''۔نگار پاکستان کراچی میں چھپا تھا۔اس افسانے میں باباجی اور میرے تعلق سے ایک واقعہ بھی درج تھا جو افسانہ نہیں حقیقت ہے۔

وہ حقیقت اپنے افسانے سے نقل کرتا ہوں۔

(آپی اور میں)''جب ہم دونوں چار سال اور تین سال کے تھے، تایاجی ہمارے ہاں آئے تھے، پھر تھوڑی دیر کے لئے کہیں باہر چلے گئے تو آپی نے اور میں نے مشترکہ طور پر سوچا کہ ہمارے تایاجی گم ہو گئے ہیں اور پھر صلاح کی کہ ہم دونوں چل کر انہیں ڈھونڈتے ہیں۔ہم بڑی خاموشی سے گھر سے نکل آئے۔قریبی بازار تک آئے پھر پتہ نہیں کیا ہوا، راستے گم ہونے لگے اور تایاجی کو ڈھونڈتے ڈھونڈتے ہم خود گھر کا راستہ بھول گئے۔نہ تایاجی ملے، نہ گھر کا راستہ۔سڑک کے کنارے کھڑے ہو کر ہم دونوں نے رونا شروع کر دیا۔کسی شریف دوکاندار نے ہمیں اپنی دوکان پر بٹھالیا اور ڈھیر ساری مٹھائی بھی ہمارے سامنے رکھ دی۔ہم نے مٹھائی کھانے کے ساتھ ساتھ رونے کا عمل بھی جاری رکھا تاوقتیکہ تایاجی اور اباجی ہمیں ڈھونڈتے ڈھونڈتے وہاں تک نہ آ گئے۔تب ہم مارے خوشی کے باقی مٹھائی اٹھانا بھی بھول گئے''

اب جبکہ اباجی اور باباجی دونوں اس جہان میں نہیں رہے تو مجھے خود احتیاط کرنا پڑتی ہے کہ گھر سے زیادہ دور نہ نکل جاؤں اور گھر کا راستہ نہ بھول جاؤں کیونکہ اب اباجی اور باباجی میں سے کوئی بھی مجھے ڈھونڈنے نہیں آئے گا۔اب اچھے دوکاندار بھی بہت کم ہیں اور اغوا کرنے والے زیادہ۔اسی لئے مجھے ہر قدم سوچ سوچ کر اور پھونک پھونک کر اٹھانا ہے۔

مجھے یقین ہے مٹی سے محبت رکھنے والے باباجی، جو موت سے بھی ڈرتے تھے، اب موت کے بعد کسی خوف کے بغیر مٹی سے ہم آغوش ہو کر اپنی محبت کو کمال تک پہنچا رہے ہوں گے۔☆

(خاکہ)

برگد کا پیڑ

(اباجی)

گلابوں کی مہک تھی یا کسی کی یاد کی خوشبو
ابھی تک روح میں مہکار کا احساس باقی ہے

باپ بیٹے کے مابین اوّلین تعارف کا کوئی واقعہ بیان کرنا اس لحاظ سے بے معنی سی بات ہے کہ یہ تعارف تو خون کے اجزا میں سے ڈھونڈ نکالنا بھی مشکل ہے۔ صدیوں پہلے ہم اپنے آباؤ اجداد کے لہو میں موجزن تھے۔ اپنی پیدائش سے پہلے میں اباجی کے لہو میں رواں تھا تو اباجی اپنی وفات کے بعد بھی میرے دل میں دھڑک رہے ہیں۔ اس کے باوجود شعوری سطح پر اباجی سے میرا پہلا معانقہ اس وقت ہوا جب میری عمر تقریباً تین سال تھی۔ یہ واقعہ آج بھی میرے شعور میں ایک ہیولے کی طرح موجود ہے۔ یوں تو ہر انسان اپنے بچپن میں فطرت سے بہت قریب ہوتا ہے لیکن مجھے بچپن میں فطرت سے کچھ زیادہ ہی پیار تھا۔ چنانچہ جیسے ہی موقعہ ملتا الاسٹک والی نیکر اور بٹنوں والی شرٹ اتار کر فطری لباس پہن لیتا۔ ایسا ایک موقعہ مجھے اُس وقت ملا جب امی جی سامنے والے گھر کی بُوازیبو کے ہاں گئیں اور میں فطری لباس پہنے گھر سے نکل کھڑا ہوا۔ رحیم یار خاں کے محلّہ قاضیاں سے (موجودہ) جدید بازار تک کئی پیچ دار رستوں سے نجانے میں کس طرح گزرتا چلا گیا۔ اباجی وہاں اپنے ایک دوست ممتاز صاحب کی دوکان پر کھڑے تھے۔ میں جا کر ''ابوا'' کہتے ہوئے ان کی ٹانگوں سے لپٹ گیا۔ انہوں نے سمجھا کسی کا بچہ ہے جو خوامخواہ ان سے چمٹ گیا ہے۔ چنانچہ میرے معانقہ کے جواب میں انہوں نے میری طرف دیکھے بغیر مجھے اپنے سے الگ کر کے پرے کر دیا۔ میں پھر ''ابوا'' کہتے ہوئے ان کی ٹانگوں سے چمٹ گیا۔ اس بار پھر انہوں نے دیکھے بغیر مجھے پرے دھکیل دیا اور میں اپنے حواس درست کئے بغیر تیسری بار پھر ''ابوا'' کہہ کر ان کی ٹانگوں سے معانقہ کرنے لگا۔ لیکن اب اس سے پہلے کہ اباجی مجھے پھر پرے دھکیلتے ممتاز صاحب کی نظر مجھ پر پڑ گئی۔ انہوں نے حیران ہوتے ہوئے اباجی سے کہا: قریشی صاحب! یہ تو حیدر ہے۔ اب جو اَباجی نے پلٹ کر دیکھا تو میری میلی کچیلی، ننگ دھڑنگ حالت ہی میں مجھے اٹھا لیا۔ پھر سب کچھ بھول بھال کر گھر کی طرف چل دیئے۔ راستہ بھر بار بار مجھے خود سے لپٹاتے اور چومتے جاتے۔ گھر پہنچے تو وہاں میری گمشدگی پر کہرام برپا تھا، یہ اباجی سے گویا شعوری سطح پر میرا پہلا تعارف تھا۔

اباجی وضع دار انسان تھے۔ روایات سے محبت رکھتے تھے مگر زمانے کے ارتقا کی سچائی کو مانتے تھے۔ ۱۹۶۰ء تک پھندنے والی رومی ٹوپی پہنتے رہے۔ اس ٹوپی کو ترکی ٹوپی بھی کہتے تھے۔ پھر کلاہ کے ساتھ لنگی

باندھنی شروع کی اور جناح کیپ بھی استعمال کرتے رہے۔ آج اباجی کی ساری زندگی کی طرف نظر دوڑاتا ہوں تو مجھے ان کے اندر بیک وقت ایک دراوڑ، ایک آریا اور ایک عرب بیٹھا نظر آتا ہے۔ ان کی زندگی کے ابتدائی ایام میں دراوڑ حاوی رہا۔ عالم شباب میں نواب بھاولپور تک رسائی حاصل کر کے انہیں بھاول نگر محکمہ پولیس میں محرر لگوایا گیا جب سارا سامان باندھ کر روانہ ہونے کا وقت آیا تو داداجی نے دبی زبان سے کہا: بیٹا!۔۔تو پھر جا رہے ہو؟۔۔اچھا جاؤ، ویسے دل نہیں کرتا کہ جاؤ۔

اباجی نے فوراً کہا: دل تو میرا بھی نہیں کرتا کہ جاؤں، اس لئے نہیں جاتا۔۔ یہ کہہ کر بندھا ہوا سامان کھول ڈالا۔

اباجی نے یہ قصہ بڑے مزے لے کر ہمیں سنایا تھا اور پھر کہا تھا: بھئی ہم سرائیکی لوگ تو اپنے شہر کے ریلوے اسٹیشن پر پہنچ کر ہی پردیسی ہو جاتے تھے۔ یہ واقعہ تقسیم برصغیر سے پہلے کا ہے۔ اگر ان پر ان کے اندر کا دراوڑ حاوی نہ ہوتا تو وہ کم از کم ایس پی کی حیثیت سے ریٹائر ہوتے۔۔ بعد میں جب خراب حالات بار بار حملہ آور ہونے لگے تو یوں لگا جیسے دراوڑ مغلوب ہو گیا ہے اور اباجی کے اندر کا آریا فاتح ہو گیا ہے۔ رحیم یار خاں والا گھر فروخت کیا گیا تو اباجی کے چہرے پر کوئی کرب نہیں تھا۔ میں تب صرف دس برس کا تھا مگر وہ گھر آج بھی نہ صرف میرے نہاں خانۂ دل میں آباد ہے بلکہ مجھے جب بھی رحیم یار خاں جانے کا موقعہ ملتا ہے، اس گھر کو دیکھنے کے لئے ضرور جاتا ہوں اور وہاں دیر تک بچپن کی یادوں میں گھرا رہتا ہوں۔ خانپور والا گھر فروخت ہوا تو اباجی کے چہرے پر کوئی اداسی نہ تھی۔ یوں ان کے اندر کا آریا فتح یاب ہو گیا۔ مگر دراوڑ مغلوب کہاں ہوا؟ اس نے بیوی بچوں کو دھرتی کا متبادل بنالیا، ایک معمولی سی مدت کے علاوہ بیوی بچوں کو خود سے کبھی جدا نہیں ہونے دیا۔

اندر کے آریا اور دراوڑ کی کشمکش سے بے نیاز ایک عرب درویش ہمیشہ اباجی کے اندر موجود رہا۔ یہ درویش خواب بین، دعا گو اور صاحبِ کشف و کرامت تھا۔ عرب درویش کا کمال یہ تھا کہ نیل آرمسٹرانگ سے دس سال پہلے اس نے چاند کی سرزمین پر قدم رکھ دیا تھا۔ اباجی نے ۱۹۵۹ء میں خواب دیکھا کہ وہ چاند کی سرزمین پر اترے ہوئے ہیں۔ وہاں کے پہاڑ دیکھنے میں ایسے لگتے ہیں جیسے راکھ کے ہوں اور پاؤں رکھتے ہی راکھ میں دھنس جائیں گے۔ لیکن اباجی پہاڑ پر پاؤں رکھتے ہیں تو وہ پتھر کے ہی ہوتے ہیں۔ Rain Makers اور Rain Breakers کے چند قصے تو اب پڑھنے کو ملے ہیں۔ مگر اباجی کی ''وِل پاور'' اور ''ارتکاز'' کا کرشمہ تو ہم نے خود دیکھا تھا۔ اباجی اور امی جی میں ''بزرگی'' کے مسئلہ پر مذاق چلتا رہتا تھا۔ اباجی نے کہا: اگر میں اللہ میاں سے دعا کر کے اسی وقت بارش کروا دوں تو میری بزرگی کو مان لوگی؟۔۔ رحیم یار خاں میں گرمیوں کی چلچلاتی دھوپ میں بادلوں کا دور دور تک نشان نہیں تھا۔ اس لئے امی جی نے للکارتے ہوئے شرط منظور کر لی۔ اباجی مکان کی چھت پر چڑھ گئے۔ تقریباً آدھے گھنٹے کے بعد جب چھت سے نیچے آئے، چاروں جانب سے گھنگھور گھٹائیں اُمڈی چلی آ رہی تھیں۔ موسلا دھار بارش

شروع ہوگئی۔لیکن امی جی نے ابا جی کی بزرگی کونہیں ماننا تھا،نہیں مانیں۔

مریضوں پر دم کرنا اور کسی کی خاص غرض کے لئے خصوصی دعا کرنا ان کی روحانیت یا وِل پاور کا عام سا کرشمہ تھا۔میری ایک بہن زبیدہ کو جب بھی بخار ہوا اور دوا سے فرق نہیں پڑا، ابا جی نے اسے بھینچ کر گلے سے لگایا اور وہ ٹھیک ہوگئی۔میرے نزدیک ایسے متعدد واقعات کے باوجود ابا جی کی سب بڑی کرامت یہ تھی کہ انہوں نے دکھوں سے بھری ہوئی زندگی کو ہنسی خوشی گزار لیا۔ کلاتھ مرچنٹ سے ٹیلر ماسٹر تک کا تکلیف دہ سفر طے کیا۔پھر شوگر مل میں نوکری کر لی اور مجھے بھی شوگر مل میں جھونک دیا۔حتیٰ سنز شوگر ملز خانپور کے جنرل منیجر عزیز حسین کی بیگم بڑی نیک دل خاتون تھیں (اگر ابھی تک زندہ ہیں تو اللہ انہیں مزید زندگی عطا کرے) ابا جی کا بے حد احترام کرتی تھیں۔اپنے بہت سے خانگی معاملات ابا جی کو بتا کر ''دعا'' اور ''دوا'' دونوں کے لئے کہتیں۔بیگم عزیز حسین کی نیکی کے سبب مجھے پندرہ (سولہ) برس کی عمر میں شوگر مل میں مزدوری مل گئی۔ میں نے اپنی زندگی کے بے حد قیمتی انیس سال اس شوگر مل میں برباد کئے۔ بیگم عزیز حسین کی نیک نیتی اور نیکی کے باوجود مجھے شدت سے احساس ہوتا ہے کہ انہوں نے میرے لئے نیکی نہ کی ہوتی تو میں زیادہ بہتر حالت میں ہوتا۔

شوگر مل کی ملازمت کے حوالے سے ہی یاد آیا کہ ملز انتظامیہ کے مزدور دشمن رویے کے باعث مجھے ٹریڈ یونین سرگرمیوں میں حصہ لینا پڑا۔ملز میں تصادم ہوا۔بعض اہم افسروں کی ٹھیک ٹھاک پٹائی ہوئی۔ مقدمات بنے۔اسی دوران مجھے بار بار دھمکیوں کے ساتھ خوشنما آفرز بھی ہوئیں مگر میں جوش جوانی اور بغاوت کی دُھن میں ہر آفر کو ٹھکراتا چلا گیا۔ایک مرحلے پر ابا جی سے بھی کہا گیا کہ مجھے مفاہمت کے لئے راضی کریں۔ابا جی نے مجھے بتایا کہ مجھے اس طرح کہا گیا ہے مگر تم جو فیصلہ اپنے طور پر کرنا چاہو، وہی کرو۔ میں نے کہا کہ اگر آپ مفاہمت کا حکم دیتے ہیں تو میں تیار ہوں۔مگر انہوں نے کہا میں ایسا کوئی حکم نہیں دوں گا۔تم خود فیصلہ کرو گے اور جو بھی فیصلہ کرو گے وہی درست ہوگا۔ چنانچہ میں نے مفاہمت کی بجائے بغاوت کا فیصلہ کیا۔اس واقعہ سے میں پورے وثوق کے ساتھ کہہ سکتا ہوں کہ ابا جی اپنی وضع داری کی روایت پر تو قائم تھے مگر میرے باغیانہ رویے کو وہ بدلتے ہوئے سیاسی اور سماجی حالات کا لازمی تقاضا سمجھتے تھے۔اسی لئے مجھے اس سے روکنے کے بجائے انہوں نے بالواسطہ میری حوصلہ افزائی کی۔ جب ہماری یونین کو معطل کرا دیا گیا تب ہم سے ملنے والے ہر مزدور سے باز پرس کی جاتی تھی مگر ابا جی کی اپنی شخصیت اتنی مضبوط تھی کہ نہ صرف انہیں ملز انتظامیہ کی طرف سے تنگ نہیں کیا گیا بلکہ ان کا اسی طرح احترام کیا جاتا رہا جیسا میری بغاوت سے پہلے ہوتا تھا۔

ابا جی بتاتے تھے کہ ہمارے خاندان میں کئی پشتوں سے بیٹوں کی کمی چلی آ رہی تھی۔ایک بزرگ کے ہاں دو بیٹے ہوئے۔ان بیٹوں میں سے ایک کے ہاں اولاد نہ ہوئی اور دوسرے کے ہاں پھر دو بیٹے ہوئے۔ان میں سے بھی ایک کے ہاں کوئی اولاد نہ ہوئی اور دوسرے کے ہاں پھر دو بیٹے ہوئے۔میاں

میر محمد کے ہاں تین بیٹے پیدا ہوئے۔ میاں سعید بے اولاد رہے۔ میاں غوث محمد کے ہاں ایک بیٹا ہوا مگر اگلے مرحلے میں ان کی نسل بھی ختم ہوگئی۔ میاں اللہ رکھا کے ہاں دو بیٹے ہوئے، بابا جی اور ابا جی۔ بابا جی کے ہاں اولاد نہ ہوئی اور ابا جی!

ابا جی نے دو شادیاں کیں۔ پہلی بیوی عزیز بی بی نے اس الزام کی بنیاد پر عدالت کے ذریعے طلاق لی کہ یہ شخص اولاد پیدا کرنے کے قابل نہیں۔ پھر ابا جی کی شادی ہماری امی جی سے ہوئی اور یکے بعد دیگرے دس بچے پیدا ہوئے۔ پانچ بیٹے، پانچ بیٹیاں۔ عزیز بی بی نے دوسری جگہ شادی کر لی مگر اولاد سے محروم رہی۔

ایک دفعہ بواحیات خاتوں ہماری چھوٹی بہن بے بی کو لے کر ایک رشتہ دار کے یہاں گئیں۔ وہیں ابا جی کی پہلی بیوی آ گئی۔ بے بی کو دیکھتے ہی چونکی۔ اس کے استفسار پر بواحیات خاتوں نے بتایا کہ قریشی غلام سرور کی بیٹی ہے۔ اسی وقت بے بی کو گود میں لے کر پیار کرنے لگی۔ ابا جی کی اولاد کی تفصیل پوچھی۔ بواحیات خاتوں نے تفصیل بتا دی۔ سن کر سارے بچوں کو درازیٔ عمر کی دعائیں دینے لگی اور پھر حسرت سے کہنے لگی مجھے میری زیادتی کی سزا مل گئی ہے۔۔ چند دنوں کے بعد ابا جی کی پہلی بیوی کی طرف سے کھانے کی چند اشیاء کا تحفہ ہمارے گھر آیا۔ مگر ابا جی نے ساری چیزیں تلف کرا دیں۔ کسی کو چکھنے نہیں دیں ان کا خیال تھا کہ ان اشیاء پر کوئی منفی قسم کا دَم کیا گیا ہے۔۔ پہلی بیوی کی بے وفائی کے بعد ابا جی کی امی جی سے شادی ہوئی تو دونوں کی عمروں میں بارہ سال سے زائد کا فرق تھا مگر اس بُعد نے محبت میں اضافہ کیا۔ ابا جی اور امی جی کی محبت اور خوشگوار ازدواجی زندگی سارے خاندان کے لئے آج بھی ایک مثال ہے۔ ایک وقت تھا کہ ہمارے عزیزوں میں ابا جی کا گھر سب سے زیادہ خوش حال تھا، پھر وہ وقت آیا کہ ابا جی کا گھر انتہائی غربت کا شکار ہوگیا۔ بے حد قریب رہنے والے عزیز دور ہو گئے مگر ابا جی کے مزاج میں کوئی فرق نہیں آیا۔ ابا جی بے حد قناعت پسند تھے مگر انہوں نے ہمیں کبھی قناعت کا درس نہیں دیا۔ دراصل وہ اس لئے سارے دکھ خوشی خوشی برداشت کر رہے تھے کہ پچھلی کئی پشتوں سے ''پل صراط'' پر چلتے ہوئے ان کے خاندان کو پانچ بیٹوں کو سنبھالا مل گیا تھا۔ حالانکہ یہ پانچوں بیٹے ان کے کسی کام نہ آ سکے۔ نہ کوئی خدمت کرنے کا اہل ہو سکا نہ کوئی خدمت کر سکا۔ ان کی اپنی ساری زندگی ہی مشقت کرتے گزر گئی۔ ابا جی کو کبھی کبھی غصہ بھی آتا اور یہ غصہ عام طور پر گھر کے گھڑوں اور برتنوں پر اترتا تھا۔ لیکن جب شام کو ابا جی گھر آتے، ان کے ایک ہاتھ میں نیا گھڑا اور دوسرے ہاتھ میں گلاب کے پھولوں کے ہار ہوتے اور جھگڑا ختم۔

۱۹۵۰ء میں ابا جی اچانک بیمار ہوئے تھے۔ اس علالت میں عجیب وغریب قسم کے دورے پڑتے تھے۔ بابا جی کے بیان کے مطابق ابا جی کو چار چار پانچ پانچ کڑیل جوانوں نے دبایا ہوتا تھا مگر ابا جی اس طرح اٹھ بیٹھتے کہ انہیں دبانے والے لڑھکتے ہوئے اِدھر اُدھر جا پڑتے۔ ابا جی نے اس سلسلہ میں جو

احوال سنایا، اس کے مطابق ان کے اوپر ایک بہت بڑا فانوس نصب تھا، حالانکہ تب ہمارے گھر میں بجلی ہی نہیں آئی تھی۔ اس فانوس سے سبز رنگ کی روشنی نکلتی تھی جو آنکھوں کو خیرہ کرتی تھی۔ اسی روشنی کے ذریعے ان کی بہت سے بزرگوں سے ملاقات ہوئی۔ ابا جی کے بقول ایک مرحلے پر انہیں خود علم ہو گیا تھا کہ ان کی جان نکل رہی ہے۔ ٹانگوں سے بالکل جان نکل چکی تھی مگر پھر انہیں دنیا میں مزید (۳۶ سال) جینے کی اجازت مل گئی۔ ابا جی کی زندگی کی یہ سنگین بیماری، جس کے باعث سارے عزیز ان کی زندگی سے مایوس ہو چکے تھے حقیقتاً کوئی بیماری تھی یا کوئی روحانی تجربہ تھا، میں اس بارے میں تو کوئی حتمی بات نہیں کر سکتا تاہم بعد میں ان کی زندگی میں خواب بینی، دم درود اور کشوف کا جو سلسلہ نظر آتا ہے وہ اسی تجربے سے ہی مربوط محسوس ہوتا ہے۔ واللہ اعلم !

میری پیدائش سے چند ماہ پہلے ابا جی نے یکے بعد دیگر دو خواب دیکھے تھے۔ پہلا خواب یہ تھا کہ ایک بڑا اور گھنا درخت ہے جس کی شاخیں دور دور تک پھیلی ہوئی ہیں۔ ابا جی اس درخت کے اوپر عین درمیان میں کھڑے ہوئے ہیں۔ یہ خواب سن کر ابا جی کے ایک دوست روشن دین صاحب نے کہا کہ آپ کے ہاں بیٹا پیدا ہو گا جو.....

دوسرا خواب یہ تھا کہ لمبے لمبے قد والے بہت سارے لوگ ہیں جو اپنے ہاتھ بلند کر کے ''حیدر۔۔ حیدر'' کے نعرے لگا رہے ہیں۔ ان دونوں خوابوں کے چند ماہ بعد میری پیدائش ہوئی۔ ابا جی نے اپنے مرشد کو خط لکھا کہ بیٹے کا نام تجویز فرما دیں۔ مرشد کو ابا جی کے خواب کا علم نہیں تھا۔ انہوں نے مجھے حیدر بنا دیا۔ مگر ابا جی کے دونوں خوابوں کی تعبیر کا ابھی تو دور دور تک کوئی نشان نہیں ملتا۔ شاید حسن اتفاق تھا کہ میں پیدا ہو گیا اور حیدر نام رکھا گیا۔

میں بچپن میں شرارتیں بہت کرتا تھا۔ دوسروں کو ڈرانے میں مزہ آتا تھا۔ اسی وجہ سے بچپن میں ابا جی سے بڑی مار کھائی۔ سب سے زیادہ مار بھی میں نے کھائی اور ابا جی کی توجہ بھی سب سے زیادہ مجھے ملی۔ یہ ابا جی کی ذاتی توجہ ہی تھی جس کے باعث اسکول میں داخلہ کے وقت مجھے کچی، پکی کی بجائے براہ راست دوسری جماعت میں داخل کر لیا گیا۔ شادی کے بعد بھی ایک دفعہ ابا جی سے تھپڑ کھایا۔ یوں تو والدین کی محبت ساری اولاد کے لئے یکساں ہوتی ہے لیکن میرا خیال ہے کہ ابا جی کو آپی سے اور مجھ سے سب سے زیادہ پیار تھا۔ زبیدہ کے لئے فکر مندی زیادہ رہی جبکہ اعجاز سب سے چھوٹا ہونے کی وجہ سے لاڈلا رہا۔

موسیقی سے ابا جی کو رغبت نہیں تھی لیکن اسے شجرِ ممنوعہ بھی نہیں سمجھتے تھے۔ ایک پرانا گانا ''ڈاچی والیا موڑ مہاروے'' سن کر کہتے یہ تمہارے دادا کو بہت پسند تھا۔ ابا جی کو حضرت خواجہ غلام فریدؒ کی کافیاں پسند تھیں۔ عام طور پر تحت اللفظ کے ساتھ پڑھتے۔ کبھی کبھار اپنے آپ میں گنگنا بھی لیتے۔ عنایت حسین بھٹی کی آواز میں خواجہ صاحب کی کافی ''ساکوں سجناں دے ملن دی تانگ اے'' سن کر جھوم سے اٹھتے۔ انھی کی وجہ سے ہی شاید مجھے لوک گیتوں اور صوفیانہ شاعری سے دلچسپی ہوئی۔ ایک ہلکی سی مسکراہٹ عموماً ابا جی کے

چہرے پر رہتی تھی۔ جملے باز نہیں تھے مگر اچھے جملے پر دل کھول کر داد دیتے تھے۔ ہنسی کی کسی بات پر اگر کھل کر ہنستے تو اتنا ہنستے کہ آنکھوں سے آنسو نکل آتے۔ ان کی اس کیفیت پر میرا جی کا شعر یاد آ گیا ہے:

نہیں گریہ وخنداں میں فرق کچھ بھی　　　جو ہنستا گیا دل تو روتا گیا دل

ابا جی کی شخصیت کا جادو ایسا ہے کہ آج بھی رحیم یار خاں کے ان کے پرانے احباب سے ان کا ذکر کریں تو ان کی باتیں سناتے سناتے آبدیدہ ہو جاتے ہیں۔ رحیم یار خاں کے پرانے محلے سے جا کر پتہ کریں تو ابا جی کا نام سنتے ہی ان کے چہروں پر محبت کی چمک آ جاتی ہے۔ میں تقریباً دس سال کے بعد پہلی دفعہ پرانا مکان دیکھنے گیا تو نہ صرف اڑوس پڑوس کے سارے لوگ جمع ہو گئے بلکہ اتنی محبت سے اپنے گھروں میں لے گئے کہ میں ان محبتوں پر حیران رہ گیا۔ گھر کی لڑکیوں، عورتوں میں سے کسی نے پردہ نہ کیا، بوڑھیوں نے سر منہ چوم لیا۔ یہ ساری محبتیں حقیقتاً ابا جی کے وسیلے سے نصیب ہوئیں۔ شوگر مل میں آج بھی ان کی بات کی جائے تو کوئی ایک شخص بھی ایسا نہیں ملے گا جو شرارتاً ہی ان کے کردار پر انگلی اٹھا سکے۔ دراصل ابا جی صراط مستقیمی آدمی تھے۔ ایسا بننے کے لئے بڑی کٹھن ریاضت اور حوصلے کی ضرورت ہوتی ہے۔ میں بھی صراط مستقیمی بننے کی کوشش کرتا ہوں مگر زگ زیگ چلتا ہوں کیونکہ مجھے احساس رہتا ہے کہ لکیریں اپنے فقیروں کو کھا جاتی ہیں۔

شروع میں ابا جی کے ساتھ تعلق میں احترام کے باعث ایک حجاب یا فاصلہ سا تھا مگر رفتہ رفتہ یہ حجاب کم ہوتا گیا۔ یکسر ختم تو نہیں ہوا مگر ہمارے درمیان اتنی بے تکلفی ضرور ہوگئی کہ انسانی زندگی کے بعض حساس موضوعات پر ہم اطمینان سے گفتگو کر لیتے تھے۔ بعض مسائل میں انہوں نے میری رہنمائی بھی کی۔ میرے مقابلے میں ابا جی اپنے پوتوں سے زیادہ بے تکلف تھے۔ زلفی، شازی، ٹیپو تینوں ان کے ساتھ فری تھے۔ ابا جی ان کے ساتھ مختلف گیمز کھیلتے، مزے سے ہارتے اور پھر پوتوں کی بے تکلف ہوٹنگ سے لطف اندوز ہوتے۔ پہلے پہل جب میں نے شازی کو ہوٹنگ کرتے دیکھا تو اس کی بدتمیزی کو محسوس کرتے ہوئے اسے سختی سے ڈانٹا مگر اسی وقت ابا جی کی جوابی ڈانٹ مجھے پڑی کہ جیسے کرتے ہیں کرنے دو۔۔ تو میں نے دادا، پوتوں کی بے تکلفی سے خود کو الگ کر لیا۔

علالت کی حالت میں ابا جی بار بار مجھے اور آپی کو یاد کرتے رہے یا پھر ٹیپو، مانو اور انس (چھوٹے پوتوں اور پوتی) کو یاد کرتے رہے۔ آپی نے کراچی میں کوئی خواب دیکھا اور گھبرا کر از خود ابا جی کے پاس پہنچ گئی۔ ابا جی نے آپی کو گلے سے لگا لیا۔ دیر تک روتے رہے اور پھر کومے کی حالت میں چلے گئے۔ جب میں پہنچا کومے کی حالت میں تھے۔ باقی بہن بھائی بھی جمع ہونے لگے۔ شاہدہ، بے بی، اکبر، طاہر، اعجاز سب آ گئے۔ زبیدہ امریکہ میں تھی اس کا آنا ممکن نہ تھا۔ نوید نے پہنچنے میں تھوڑی دیر کر دی۔۔ نوید آ گیا تو پانچوں بیٹے باپ کے سرہانے کھڑے ہو گئے۔ باری باری سب نے سامنے آ کر اپنا نام لیا۔ ہر آواز پر ابا جی نے آنکھیں کھولیں اور ان کی آنکھوں میں غروب ہوتے ہوئے زندگی کے سورج نے ہر

بیٹے، بیٹی اور عزیز کو خدا حافظ کہا اور پھر وہ ہمیشہ کے لئے ہم سے جدا ہو گئے۔

ابا جی کی وفات کے بعد ایک دوست نے تعزیتی خط میں لکھا کہ میں جب بھی خانپور میں قیام کے دنوں میں آپ کے گھر پر دستک دیتا۔ اگر آپ کے ابا جی آتے اور میں ان سے آپ کا پوچھتا تو آپ کا نام سنتے ہی ان کی آنکھوں میں چمک سی پیدا ہوتی اور ہونٹوں پر مسکراہٹ پھیل جاتی۔

رحیم یار خاں کے قریب ایک گاؤں ''بستی قندھارا سنگھ'' (یا شاید بستی گندھارا سنگھ) کی ایک فیملی سے ہمارے رشتہ داروں جیسے تعلقات ہیں۔ ابا جی کی وفات کے بعد خالہ فاطمہ وہاں سے تعزیت کے لئے آئیں تو انہوں نے بتایا کہ ان کے بھائی شاہ محمد صاحب پورے خاندان سمیت بھارتی پنجاب سے سیدھے اسی گاؤں میں آئے تھے۔ عید سے چند دن پہلے ابا جی کی دکان پر گئے اور انہیں سونے کے کڑے دے کر کہنے لگے کہ اسے گروی رکھ کر ہمیں کپڑا اُدھار دے دیں تاکہ بچوں کی عید ہو جائے۔ ابا جی ان کی پسند کے مطابق کپڑا دیتے چلے گئے۔ جب ان کا مطلوبہ سارا کپڑا دے دیا تو ابا جی نے سیف سے سو روپے کا نوٹ نکالا اور شاہ محمد صاحب سے کہا یہ میری طرف سے آپ کے بچوں کے لئے عیدی ہے۔ سونے کے کڑے واپس لے جایئے اور کپڑوں کی رقم جب سہولت کے ساتھ دے سکیں، دے جایئے۔۔ کسی شناسائی کے بغیر اس سلوک پر شاہ محمد صاحب پہلے حیران ہوئے پھر آبدیدہ ہو گئے۔ نتیجتاً ان کے خاندان کے افراد سے آج بھی ایسا گہرا تعلق بنا ہوا ہے جو بعض رشتہ داروں کے ساتھ بھی نہیں ہے۔ البتہ خالہ فاطمہ کے اس انکشاف کے بعد مجھے یہ اندازہ ضرور ہو گیا کہ ابا جی کا کپڑے کا اچھا بھلا کاروبار زوال کا شکار کیوں ہوا۔

ابا جی کی وفات کے بعد ہم نے ان کی میّت کو سر سے پیروں تک گلاب کے پھولوں سے بھر دیا تھا اور پھولوں سمیت ہی دفن کیا تھا۔ وفات کے تیئسویں دن، رات کے نو بجے کے بعد اس کمرے کی کھڑکی سے گلاب کی خوشبو کی تیز لپٹیں اٹھنے لگیں جو ابا جی کا ذاتی کمرہ تھا۔ یہ خوشبو پہلے امی جی نے محسوس کی اور مجھے کمرے میں بلایا۔ کمرے میں داخل ہوتے ہی مجھے گلاب کی تیز خوشبو کا احساس ہوا۔ میں نے حیرت سے اِدھر اُدھر دیکھتے ہوئے لمبے لمبے سانس لینے شروع کر دیئے۔ میری ایک کزن خالدہ کے دیور شاہد حسین بھی اس وقت ہمارے گھر آئے ہوئے تھے۔ میں نے انہیں بھی کمرے میں بلا لیا۔ انہوں نے بھی حیرانی کے ساتھ خوشبو کی موجودگی کی تصدیق کی۔ خوشبو اتنی تیز تھی کہ باہر کی گلی میں بھی ہلکی ہلکی محسوس ہو رہی تھی جبکہ کھڑکی سے تو خوشبو کا سیلاب امڈ رہا تھا۔ ایک دن کے وقفے کے بعد دوپہر کو تقریباً ساڑھے بارہ بجے اسی کمرے میں پھر گلاب کے پھولوں کی تیز خوشبو پھیل گئی۔ اس خوشبو کو میں نے کمرے میں آ کر محسوس کیا اور پھر آوازیں دے کر سارے افرادِ خانہ کو جمع کر لیا۔ سب نے ہی خوشبو کو محسوس کیا۔ چند منٹ کے بعد خوشبو غائب ہوتی چلی گئی۔ دونوں دفعہ خوشبو کا جانا ایسے لگا جیسے کوئی انسان آہستہ آہستہ قدم اٹھاتے ہوئے کمرے سے نکل رہا ہو۔

بابا جی نے مجھے کہا کہ اگر تم اس معاملے میں دوسروں سے بات نہ کرتے تو یہ خوشبو وقتاً فوقتاً تمہاری ماں کو اور تمہیں ملتی رہتی۔ شاید خوشبو سے بڑھ کر بھی کچھ رونما ہو جاتا۔ مگر تم نے اس کا بھید افشا کر کے خود کو اس سے محروم کر لیا ہے۔ بابا جی کی باتیں بابا جی جانیں۔ لیکن یہ خوشبو کیا تھی؟ اتنی سی بات ہی سمجھ میں آتی ہے کہ اگر آنکھ خواب تخلیق کر سکتی ہے تو قوتِ شامہ بھی خوشبو تخلیق کر سکتی ہے۔

☆☆☆

(خاکہ)

مائے نی میں کنوں آکھاں

(امی جی)

ماں! ترے بعد سے سورج ہے سوا نیزے پر
بس تری ممتا کا اک سایہ بچاتا ہے مجھے

''راج دلارے!
او میری اکھیوں کے تارے
میں تو واری واری جاؤں ۔۔راج دلارے.....''

یہ مشہور لوری میں نے کوثر پروین کی آواز سے پہلے اپنی امی جی کی آواز میں سنی۔امی جی نے یہ لوری اپنے سارے بیٹوں میں سے صرف میرے لئے گائی۔ماں کی محبت اور دعاؤں سے بھری اس لوری نے مجھے پروان چڑھایا۔امی جی کی وفات سے کوئی سال بھر پہلے مجھے چند ماہ گوجرانوالہ میں گزارنے پڑے۔ وہیں ایک روز شام کا کھانا ایک ہوٹل میں کھا رہا تھا۔اچانک یہ لوری کیسٹ پلیئر سے نشر ہونے لگی۔لوری شروع ہوتے ہی میں جیسے بچہ بن گیا اور میں نے دیکھا کہ امی جی نے مجھے۔۔چھ ماہ کے بچے کو۔۔گود میں اٹھایا ہوا ہے اور لوری سنا رہی ہیں لوری ختم ہوگئی۔۔میں بچپن عبور کر کے اپنی اصل عمر تک پہنچا تو دیکھا کہ، میں جو ابھی ماں کی گود میں کھلکھلا رہا تھا، میری آنکھیں بھیگی ہوئیں تھیں۔عجیب سا تجربہ تھا۔کئی بار سوچا امی جی کو اس تجربے سے آگاہ کروں گا مگر پہلی محبت کے اظہار کی طرح اس تجربہ سے امی جی کو آگاہ نہ کر سکا یہاں تک کہ وہ وفات پا گئیں۔

پہلی محبت سے یاد آیا کہ میری پہلی محبت بھی میری امی جی ہیں اور آخری محبت بھی امی جی ہیں۔اس اوّل اور آخر کے بیچ میں بہت سی محبتیں آئیں مگر درحقیقت وہ سب میری پہلی اور آخری محبت کا عکس تھیں۔ امی جی کا چہرہ کتابی اور گول چہرے کے بین بین تھا۔چنانچہ بیچ میں آنے والی میری ساری محبتیں بھی کتابی چہرے والی تھیں۔اپنی بیوی سے میری گہری دوستی کی وجہ شاید یہی ہے کہ امی جی کی بھتیجی ہونے کے ساتھ امی جی سے کافی مشابہت بھی رکھتی ہے۔ماہرین نفسیات اس کی جو چاہیں توجیہہ کر لیں، مجھے اعترافِ جرم سے عار نہیں۔

امی جی کی شادی کم عمری میں ہوئی۔چودہ پندرہ برس کی عمر میں، تب ابا جی کی عمر تقریباً ستائیس برس تھی۔ابا جی سرائیکی تھے، امی جی پنجابی۔عمروں اور کلچر کے واضح فرق کے باوجود میاں بیوی کی محبت کا کمال یوں ظاہر ہوا کہ ابا جی دیکھنے میں پنجابی لگتے تھے اور امی جی سرائیکی لگتی تھیں۔دونوں نے خود کو ایک

دوسرے کے رنگ میں رنگ لیا تھا۔من تو شدم تو من شدی والا حال تھا۔

ہمارے معاشرے میں لگائی بجھائی کرنے والے''پھاپھے کٹنی'' قسم کے کردار جا بجا نظر آتے ہیں۔ ہمارے عزیزوں میں بھی بعض ایسی خواتین موجود ہیں۔امی جی کی حالت یہ تھی کہ فساد کرانا تو ایک طرف، کوئی فساد کرنا چاہتا تو اس سے بھی کوسوں دور بھاگتیں۔کوئی آ کر فساد کی تیلی لگا جاتا تو خود ہی رو دھو کر چپ ہو جاتیں۔بعد میں آپی اور بے بی بھی امی کی طرح نکلیں۔زبیدہ تو صبرِ جمیل میں امی جی سے بھی دو قدم آگے نکل گئی (اللہ اسے اپنی حفظ وامان میں رکھے) البتہ شاہدہ نے ہمت سے کام لیا۔اس معاملہ میں امی جی کی پیروی نہیں کی۔نہ صرف خود بولنے میں مہارت حاصل کی بلکہ بے بی جیسی بے زبان کو بھی زبان عطا کر دی۔اللہ کرے زورِ زباں اور زیادہ!

امی جی محبت، وفا اور ایثار کی روشن مشرقی مثال تھیں۔شادی کے ابتدائی چند برسوں کے بعد ابا جی کا کاروبار زوال کا شکار ہوتا گیا۔انتہائی تنگ دستی تک نوبت پہنچی۔امی جی نے خدا سے تو شکوہ کر لیا مگر مجازی خدا سے کبھی شکایت نہیں کی بلکہ ہر رنگ میں ہمت بندھاتی رہیں۔خدا سے شکوہ بھی اپنی جگہ ایک اہم واقعہ ہے۔امی جی نے بے حد تنگ دستی کے باعث ایک بار انتہائی دکھ کے ساتھ کہا: خدایا! تو کہیں ہے بھی سہی یا نہیں؟۔۔اسی رات امی جی نے خواب دیکھا: نہایت تیز روشنی ہے۔جب اس کا منبع ڈھونڈنا چاہتی ہیں تو بڑی پُر ہیبت آواز آتی ہے۔۔''حمیدہ! ادھر دیکھو میں تمہارا خدا ہوں''۔خوف اور رعبِ خداوندی سے امی جی کی آنکھ کھل گئی۔سخت سردی کے موسم میں پسینے سے شرابور ہو گئیں۔اُس دن سے لے کر موت کے دن تک پھر امی جی کو خدا کے وجود کے بارے میں کبھی شک نہیں ہوا۔

ابا جی کی''وِل پاور'' کے کئی کرشمے دیکھنے کے باوجود امی جی نے انہیں بزرگ تسلیم کرنے سے ہمیشہ انکار کیا۔اس معاملہ میں ہمیشہ ہی ابا جی کو چھیڑتی رہیں اور ہار کر بھی ہار نہیں مانتی رہیں۔۔ایک دفعہ کسی اَٹکے ہوئے کام کی وجہ سے امی جی فکر مند تھیں۔میں نے از راہ مذاق کہا چلیں اگر آپ کا یہ کام ہو جائے تو پھر مجھے بزرگ مانیں گی؟۔۔فوراً بولیں: میں نے تمہارے باپ کو ساری زندگی بزرگ نہیں مانا تمہیں کیسے مان لوں گی۔چل بھاگ جا۔انگریز کی ولایت کا ویزا لگوا نہیں سکتا اور چلا ہے خدائی ولایت کی طرف۔

میرے چھوٹے بیٹے ٹیپو کی عمر پانچ سال تھی۔جب اس نے مجھ سے سوال کیا کہ اللہ میاں کہاں ہے؟ میں نے اسے سمجھایا کہ بیٹا! ہم اللہ میاں کو دیکھ نہیں سکتے۔اس نے فوراً اعتراض کیا کیوں نہیں دیکھ سکتے؟ میں نے سوچا چھوٹا بچہ ہے اسے اس کے ذہن کے مطابق سمجھاتا ہوں۔چنانچہ میں اسے سورج کے سامنے لے گیا اور کہا سورج کی طرف دیکھو۔

اس نے دیکھنے کی کوشش کی اور پھر بے بسی سے کہا میں نہیں دیکھ سکتا۔تب میں نے اسے سمجھایا کہ اللہ میاں کا نور اس سے بھی زیادہ تیز ہے اس لئے ہم اسے نہیں دیکھ سکتے۔میں نے یہ قصہ امی جی کو بتایا وہ ہنس کر چپ ہو گئیں۔اگلے دن ٹیپو نے اپنے چھوٹے چچا اعجاز کی گہری سیاہ عینک پہنی، سورج کی طرف دیکھنے

کی پریکٹس کی اور پھر میرے پاس آیا۔ ''میں اب سورج کی طرف دیکھ سکتا ہوں''۔ یہ کہہ کر اس نے عینک پہنی اور سورج کو دیکھنے کا مظاہرہ دکھایا اور پھر مطالبہ کیا کہ اب اللہ میاں بھی دکھائیے۔ میں ٹیپو کے مطالبے پر چکرا گیا مگر امی جی نے ٹیپو کو پیار سے گود میں اٹھالیا اور کہنے لگیں بیٹے اگر تم اس مقام تک آگئے ہو تو ایک نہ ایک دن اللہ میاں کو بھی دیکھ لوگے۔ پھر مجھے کہنے لگیں پہلے انوکھے لاڈلے چاند مانگتے تھے مگر یہ تو اللہ میاں سے کم پر راضی ہی نہیں ہوتا۔

امی جی میں جمالیاتی ذوق کی فراوانی تھی۔ ستم ہائے زمانہ نے اسے کچلا تو دیا مگر ختم نہ کرسکا۔ امی جی نے ایک زمانے میں پنجابی میں ایک طویل دعائیہ نظم کہی تھی اس کی ردیف ''مولا'' اور قافیہ دعا، صدا وغیرہ تھا۔ اتنا ہی مجھے یاد ہے۔ افسانے اور ناول پڑھنے کا شوق بھی انہیں ایک عرصہ تک رہا۔ میری ادبی سرگرمیوں کی حوصلہ افزائی کرتیں۔ کسی اہم پیشرفت کی خبر سن کر خوش ہوتیں۔ میرے متعدد افسانوں میں امی جی کا کردار اپنی توانائیوں کے ساتھ براہ راست موجود ہے۔ ''دھند کا سفر''۔ ''آپ بیتی'' اور ''روشنی کی بشارت'' یہ تینوں افسانے ان کی زندگی میں ہی ''نگار پاکستان'' ''اوراق'' اور ''جدید ادب'' میں چھپ گئے تھے۔ ''روشنی کی بشارت'' پڑھ کر کہنے لگیں کبھی میں تمہیں کہانیاں سنایا کرتی تھی اور اب تم میری کہانیاں بنانے لگ گئے ہو۔ چہرے پر مسّرت تھی۔ امی جی کے تبصرے نے بچپن کے کتنے ہی حسین مناظر کی فلم آن کردی:

نصف شب
جیسے خوشبو بھری گود
رِستے ہوئے زخم پر جیسے پھاہا رہ بدن کو تھپکتی ہوئی چاندنی
سر کے ژولیدہ بالوں میں پھرتی ہوئی ریشمی انگلیاں
ماں کے ہونٹوں کی لو پر
سلگتی ہوئی اک کہانی کے پر
سات رنگوں کے پر
قاف کی اُس پری کے
جسے ڈھونڈنے کے لئے شاہزادہ
پہاڑوں کی جانب روانہ ہوا!

وفات کے بعد امی جی میری شاعری میں بھی آنے لگیں:

یہ ساری روشنی حیدر رہے ماں کے چہرے کی
کہاں ہے شمس و قمر میں جو نور خاک میں ہے

روایت ہے کہ جب حضرت موسیٰ علیہ السلام کی والدہ ماجدہ وفات پاگئیں اور حضرت موسیٰ علیہ السلام حسبِ عادت دربار خداوندی میں بے تکلفی سے جانے لگے تو آواز آئی: موسیٰ! احترام کو ملحوظ رکھو۔ وہ فوت

ہوگئی جو ہر وقت تمہارے لئے دعائیں کرتی رہتی تھی اور جس کی دعاؤں کے طفیل تمہاری بے تکلفی برداشت کرلی جاتی تھی۔ وہ دعائیں کرنے والی نہیں رہی تواب پورے احترام کے ساتھ آؤ۔ خدا جانے یہ روایت کس حد تک درست ہے تاہم اس سے ظاہر ہے کہ حضرت موسیٰ علیہ السلام جیسے جلیل القدر، عالی مقام اور کلیم اللہ کے لقب کے حامل پیغمبر کے گرد بھی ماں کی دعاؤں کا بہت بڑا حفاظتی حصار تھا۔۔ میں نہایت کمزور، عاجز اور گنہگار انسان ہوں۔ مجھے بھی امی جی کی زندگی تک ان کی دعاؤں کا بڑا سہارا رہا۔ زندگی میں جب بھی کچھ ٹھان لیا، کرگزرا۔ اس میں کامیاب نہیں ہوا تو نقصان سے بھی بچتا رہا۔ امی جی کی وفات کے بعد میں نے محسوس کیا کہ اب قدرت کی طرف سے پہلے جیسی رعائت نہیں مل رہی۔ اس حقیقت کو محسوس کرکے میں نے کہا تھا:

حیدر اب اپنی عادتیں، اطوار ٹھیک کر
ابا بھی چل بسے تری ماں بھی نہیں رہی

بچپن میں۔ امی جی نے ایک دفعہ میری شرارتوں سے تنگ آ کر مجھے ابا جی کے ساتھ دوکان پر بھجوا دیا۔ ابا جی نے وہاں سزا کے طور پر میری ٹنڈ کرا دی۔ میں خوشی سے چھلانگیں مارتا ہوا گھر آیا اور امی جی سے کہا: امی جی، امی جی۔۔ میں بھی ابو کی طرح ہوگیا ہوں اب میں بھی ابو بن جاؤں گا اور پھر اپنے بچوں کو ڈانٹا کروں گا۔

رحیم یار خاں میں ہماری ایک ہمسائی بوا زیبو ہوتی تھیں۔ ان کے بیٹے ظفر سے ہم عمری کے باعث دوستی تھی۔ اس سے میں نے سرائیکی زبان میں ایک سلیس قسم کی گالی سنی جو اس نے اپنے گدھے کو دی تھی۔ مجھے وہ گالی بہت اچھی لگی۔ ایک اور موقعہ پر میں نے بھی ان کے گدھے کی شان میں وہی گالی 'ارشاد' کردی۔ امی جی کو پتہ چلا تو میری خوب مرمت ہوئی۔ وہ دن اور آج کا دن، پھر وہ گالی میرے منہ پر چڑھ ہی نہیں سکی۔

ہم خانپور میں تھے۔ میں غالباً ساتویں جماعت میں پڑھتا تھا۔ امی جی کو کسی کام کے سلسلے میں کراچی میں مقیم خالہ سعیدہ اور ماموں کوثر کے ہاں جانا پڑ گیا۔ امی جی کو گئے ابھی تیسرا یا چوتھا دن تھا کہ میں نے دوپہر کے وقت بآواز بلند رونا شروع کردیا۔ ابو جی پریشان۔ کہ معاملہ کیا ہے۔ مجھ سے بار بار پوچھیں کیا ہوا ہے؟ مگر شدّت غم سے منہ سے الفاظ ہی نہیں نکلتے تھے۔ بڑی مشکل سے ہچکیوں کے دوران ایک دو دفعہ امی۔ امی کہہ سکا۔ ابا جی بھی شاید اداس بیٹھے تھے۔ میرے رونے کا بہانہ ان کے ہاتھ لگ گیا، جھٹ امی جی کو تار بھیج دیا اور امی جی واپس آ گئیں۔

امی جی فوت ہوئیں تو میں ساکت ہوگیا۔ آنکھیں ڈبڈبا گئیں مگر ساون بھادوں کی وہ برسات نہ ہوئی جو دو سال پہلے ابا جی کی وفات پر ہوئی تھی۔ اس بارے میں مجھے ابھی تک ایک مجرمانہ سا احساس ہے۔ کبھی سوچتا ہوں ابا جی کو امی جی کی ہم سے زیادہ ضرورت تھی۔ شاید اسی لئے موسلادھار بارش نہیں ہوئی۔ کبھی

خیال آتا ہے کہ میں تو امی جی کے حصے کا بھی اباجی کی وفات پر ہی رو چکا ہوں کیونکہ امی جی تو اباجی کی وفات کے ساتھ ہی فوت ہوگئیں تھیں۔ وہ تو صرف دعاؤں کا ایک مجسمہ تھا جو ہمارے ساتھ تھا، اب وہ بھی نہیں رہا۔ لیکن کبھی کبھی جب ماں کے سمندر وجود اور اپنے جزیرے پن کا احساس جاگتا ہے تو مجرمانہ احساس جیسے زائل ہونے لگتا ہے:

کبھی جب رات ڈھلتی ہے
فلک سے قطرہ قطرہ اوس کی برکھا اترتی ہے
کبھی جب پیاس کی شدت میں زخمی ہونٹ
بہتی تیز ندی کے سجل سینے پہ جھکتے ہیں
کبھی جب آنکھ رِستی ہے۔
تو یوں لگتا ہے جیسے ہم کبھی بچھڑے نہیں اس سے
کہ جیسے ہم جزیرے ہیں
تھپکتے، لوریاں دیتے سمندر کے
بلکتے زرد رُو بیمار بچوں کی طرح چمٹے ہوئے ہیں
ہماری ہجرتوں کی داستاں جھوٹا فسانہ ہے!

امی جی بیک وقت باحوصلہ بھی تھیں اور کمزور دل بھی۔۔ باحوصلہ اس طرح کہ نہایت کٹھن اور دکھ بھری زندگی کو ہمت اور صبر کے ساتھ بسر کیا۔ کمزور دل اس طرح کہ بادلوں کی گرج اور بجلی کی کڑک سے بھی سہم جاتیں۔ رحیم یارخاں قیام کے زمانے میں ایک بار اباجی دوکان سے جلد واپس نہ آسکے۔ امی جی نے سرشام ایک ہمسائی نانی اللہ وسائی کو گھر پر بلالیا۔ نانی اللہ وسائی امی جی سے بھی زیادہ کمزور دل تھیں۔ اچانک بادل زور سے گرجے اور بجلی کڑکتی چلی گئی۔ نانی اللہ وسائی اور امی جی نے بیک وقت زور سے چیخ ماری اور ایک دوسری سے چمٹ گئیں۔ اباجی جب بھیگتے بھاگتے گھر پہنچے، امی جی نے رو روکر بُرا حال کرلیا۔ پھر اباجی سرشام ہی گھر آجایا کرتے تھے، لیٹ نہ ہوتے تھے۔

امی جی کو جب شوگر کی شکایت ہوگئی تو میں نے احتیاطی تدابیر کی طرف توجہ دلائی مگران کا ایک ہی جواب تھا، اگر میٹھی چیزیں کھانے سے موت آتی ہے تو آنے دو۔ میں نے بہت زیادہ اصرار کیا تو امی جی نے دودھ بغیر چینی کے پینا شروع کردیا مگر مٹھائی کو پرہیزی لسٹ میں شامل کرنے کے لئے وہ آخردم تک تیار نہ ہوئیں۔ بالآخر میٹھی چیزیں کھا کر ہی جان، جانِ آفریں کے سپرد کردی۔۔ اباجی کی وفات کے بعد دراصل امی جی میں زندہ رہنے کی خواہش ختم ہوگئی تھی۔ یوں لگتا ہے جیسے وہ مٹھائی کو جان بوجھ کر بطور زہر کھارہی تھیں۔ اسی لئے اباجی کی وفات کے بعد دوسال کے عرصے کے اندر ہی امی جی فوت ہوگئیں۔

امی جی مجھے ڈاکٹر بنانے کی خواہش مند تھیں۔ میرا ذہن شروع سے ہی ''نان میڈیکل'' بلکہ ''نان

سائینس'' تھا۔ ایک مرحلہ پر سوچا کہ اردو میں پی ایچ ڈی کی ڈگری لے لوں۔ نام کے ساتھ ڈاکٹر تو لکھا جا سکے گا۔ پھر دیکھا کہ ایسے ایسے لوگ بھی ڈاکٹریٹ کر گئے ہیں کہ پی ایچ ڈی کہلانا باعث افتخار نہیں، باعث ندامت محسوس ہونے لگا ہے۔ اس سے بہتر ہے آدمی ''گھر بیٹھے ہومیو پیتھک ڈاکٹر بنئے'' کورس کر لے۔ اس سے خلقِ خدا کو فائدہ بھی نہیں ہوگا تو نقصان بھی نہیں ہوگا۔ آخر یہ طے ہوا کہ جہاں میں امی جی کی اور بہت سی خواہشیں اور خوشیاں پوری نہیں کر سکا وہیں اس خواہش کی عدم تکمیل پر بھی ہلکے سے دکھ اور افسوس کے ساتھ ماندہ زندگی گزار لوں گا۔

امی جی کی گائی ہوئی لوری کا ایک ایک لفظ الٹ ہو گیا ہے۔ ان کی اکھیوں کے تارے کی اپنی قسمت کا ستارہ ہی کہیں گم ہو گیا ہے۔ امی کے باغ کا البیلا پھول وقت کے صحرا میں خود دھول ہو رہا ہے۔ جس کے مکھڑے کے آگے چاندنی میلی لگتی تھی اس کا رنگ روپ بگڑ چکا ہے۔ حالات کا تپتا، دہکتا سورج سوا نیزے کے فاصلے پر آن کھڑا ہے۔ اب تو صرف اُس جنت کی امید ہے جو ماں کے قدموں تلے ہوتی ہے:

ماں! ترے قدموں تلے جب راکھ اُڑتی ہے
تو سینے میں خلا جیسی کوئی شے گونجتی ہے
وہ گیت اب کھو گیا ہے
تو بھی اب چپ ہو گئی ہے اور خلا ویسے کا ویسا ہے
مرے سینے میں تیری ماںتا کا نور اُترتا ہے
مگر کچھ بولتا بھی تو نہیں
اقرار کی ساعت ہمیشہ سے ادھوری ہے
نہ جانے کونسا کوہِ گراں ہے تیرے ہاتھوں پر....
یہ تو ہے یا کوئی خیمہ طنابوں کی شکست آثار مٹی سے نکل کر
زرد موسم کی ہوا میں لڑکھڑاتا ہے۔
یہ میں ہوں یا کوئی سایہ تری ممتا کی ٹھنڈی روشنی سے ٹوٹ کر
پاتال اندر ڈوبتا جاتا ہے
ہم دونوں
محبت کی گواہی کی طلب میں
اپنے اپنے دل کی جانب رُخ کئے اپنے خدا سے پوچھتے ہیں
حشر کب تک آئے گا۔۔!

☆☆☆

(خاکہ)

پسلی کی ٹیڑھ

(مبارکہ)

پھول تھا وہ تو میں خوشبو بن کے اس میں جذب تھا
وہ بنا خوشبو تو میں بادِ صبا ہوتا گیا

بیوی۔۔ بالخصوص زندہ بیوی کا خاکہ لکھنا اپنی خیریت کوداؤ پر لگانے اور شیر بلکہ شیرنی کے منہ میں ہاتھ ڈالنے کے مترادف ہے۔ بہرحال میں اقرار کرتا ہوں کہ جو کچھ لکھوں گا سچ سچ لکھوں گا۔ سچ کے سوا کچھ نہ لکھوں گا۔ اللہ میری حفاظت فرمائے۔(آمین)

مبارکہ میری ماموں زاد ہے۔ میں غالباً چھ سال کا تھا، مبارکہ دو سال کی تھی۔ ہمارے بیشتر رشتہ دار ایک خاندان کی طرح رہتے تھے۔ کسی تقریب کے باعث اور بہت سارے عزیز بھی جمع تھے۔ بڑی ممانی نے لاڈ سے پوچھا فلاں سے شادی کروگے؟ میں نے صاف انکار کردیا۔ پھر پوچھا گیا کس سے شادی کروگے؟۔۔ میں نے بڑے اعتماد کے ساتھ مبارکہ کی طرف اشارہ کرتے ہوئے کہا اس کے ساتھ کروں گا۔ شاید بڑی ممانی کو میری پسند پر کوئی اعتراض تھا یا اپنی تجویز رد کئے جانے کا افسوس، فوراً بولیں: ''ہم ریاستیوں (سرائیکیوں) کو ایک رشتہ دے کر ہی بھولے ہیں۔ اور کسی ریاستی کو اب رشتہ نہیں دینا''۔۔ اس کا جواب مجھے اپنی یادداشت میں کہیں نہیں ملتا البتہ خاندان میں بڑی مستحکم روایت موجود ہے کہ میں نے جواباً کہا تھا: اگر آپ مبارکہ سے شادی نہیں کروگے تو جب یہ روٹیاں پکا رہی ہوگی جیپ لے کر آؤں گا اور اسے اس میں بٹھا کر لے جاؤں گا۔۔ ماموں ناصر جو پاس ہی بیٹھے تھے، میرا جواب سن کر بڑی ملائمت سے بولے: بیٹا! تم شرافت سے آنا میں خود ہی تمہیں بیٹی دے دوں گا۔

بچپن میں غیر شعوری اور غیر ارادی طور پر کہی ہوئی مذاق کی ایک بات اتنی سنجیدگی اختیار کرگئی کہ اب وہ سارا مذاق وجدانی معلوم ہوتا ہے۔ ممانی مجیدہ فوت ہوگئیں تو ماموں ناصر کے لئے بچوں کو سنبھالنا مسئلہ بن گیا۔ انہوں نے اپنے بیان کے مطابق خود ہی رشتے کا انتظام کردیا۔ یعنی اس زبانی مذاق کے ٹھیک بارہ سال بعد ہمارے ساتھ عملی مذاق ہوگیا۔ میں اٹھارہ سال کا تھا، مبارکہ چودہ سال کی تھی جب ہماری شادی ہوگئی۔ ہماری شادی کیا تھی گڈی، گڈے کا بیاہ تھا۔ مجھے کچھ پتہ نہ اسے کچھ خبر! بے خبری کے عالم میں ولیمہ بھی ہوگیا۔ کئی دن گزر گئے اور ہم بے خبری کی جنت میں سوتے رہے۔ پھر یکا یک، از خود آگہی کا کوندا لپکا۔ اور پھر ہم پتوں سے اپنے تن ڈھانپنے لگے۔ آدم اور حوا کی کہانی آگے بڑھنے لگی۔

بچپن کے اس واقعہ کے حوالے سے میں نے ایک دفعہ مبارکہ سے کہا: بچپن کی معمولی غلطی کی کتنی بڑی سزا ملی ہے۔۔اس نے فوراً کہا: غلطی آپ کی تھی، سزا میں بھگت رہی ہوں۔۔خیر بات ہو رہی تھی آدم اور حوا کی کہانی کی۔اس کہانی میں اتوار کے دن کو بہت بڑی اہمیت حاصل ہے۔میں اتوار کے دن پیدا ہوا، مبارکہ بھی اتوار کے دن پیدا ہوئی، ہمارا نکاح بھی اتوار کے دن ہوا۔پہلی بیٹی رضوانہ اتوار کے دن پیدا ہوئی۔پہلا بیٹا شعیب اتوار کے دن پیدا ہوا۔آخر حکومت پاکستان نے تنگ آ کر اتوار کی سرکاری چھٹی ختم کر دی اور چھٹی کے لئے جمعہ کا دن مقرر کر دیا۔

لڑکپن کے دو سال ہم نے اکٹھے گزارے تھے۔پتہ نہیں یہ بچپن کی نامزدگی اور لڑکپن کی انڈرسٹینڈنگ تھی یا کچھ اور۔۔ہم دونوں ایک دوسرے کے مزاج شناس بن گئے۔پھر بات مزاج شناسی سے بڑھ کر محبت اور دوستی کی سطح تک پہنچی اور وہاں سے بھی آگے بڑھی تو اس مقام کے بیان کے لئے کوئی لفظ نہیں ملا۔بیوی، دوستی اور محبت۔۔یہ سارے مقدس رشتے اب مبارکہ کے سامنے چھوٹے پڑ گئے ہیں۔

(خدا کرے مبارکہ پر اس جملے کا کچھ اثر ہو)

میں نے کتابی سلسلہ ''جدید ادب'' جاری کیا۔اس میں مبارکہ کی تمناؤں کا لہو شامل تھا۔ہر شمارے کے ساتھ اس کا ایک آدھ زیور بک جاتا۔اس اللہ کی بندی نے ایک دفعہ بھی تکرار نہیں کی۔جب تک اس کا زیور ساتھ دیتا رہا ''جدید ادب'' جاری رہا۔زیور ختم ہو گئے تو ''جدید ادب'' بھی بند ہو گیا۔اب سوچتا ہوں میں نے اس کے ساتھ ظلم کیا ہے۔لیکن مبارکہ نے بھی تو میرے ساتھ ظلم کیا ہے۔میرے اچھے برے ہر طرح کے کاموں میں ہمیشہ میرا ساتھ دیا۔کسی نازک موڑ پر آ کر اگر ساتھ دینا ممکن نہیں رہا تو اس نے کنارے پر کھڑے ہو کر نظارہ کیا مگر مجھے دباؤ ڈال کر روکنے کی کوشش نہیں کی۔اس کے اس طرزِ عمل نے میری عادتیں بگاڑ دی ہیں۔میری ''گمراہیاں'' اسے معلوم ہیں میرے ''گناہ'' اس کے علم میں ہیں لیکن مجال ہے اس نے کبھی مجھے شرمندگی کا ہلکا سا احساس بھی دلایا ہو۔

امی جی اور مبارکہ میں گہری انڈرسٹینڈنگ تھی۔ساس بہو میں کبھی کبھی بدمزگی بھی ہوتی مگر ایسی نہیں جس میں ابا جی کو یا مجھے مداخلت کرنے کی ضرورت پیش آتی۔جلد ہی ساس، بہو کی جگہ پھوپھی، بھتیجی آ گے آ جاتیں اور خود ہی سارا معاملہ سنبھال لیتیں۔آخر دم تک امی جی اور مبارکہ ایک ساتھ رہیں، صرف ایک سال کا عرصہ دونوں کو الگ رہنا پڑا کیونکہ خانپور چھوڑ کر ابا جی اور امی جی نے بالائی پنجاب میں سکونت اختیار کر لی تھی اور ملازمت کے باعث ہم شوگر ملز کی کالونی میں شفٹ ہو گئے تھے۔اس ایک سال کے عرصہ میں بھی مبارکہ، امی جی سے ملنے کے لئے دو دفعہ گئی۔۔اسی دوران ابا جی وفات پا گئے۔شدید صدمے کا اثر زائل ہونے لگا تو سارے عزیز اپنے اپنے ٹھکانوں کو لوٹنے لگے۔اکبر اور طاہر بھی امی جی سے اجازت لئے بغیر اپنی بیگمات کے ساتھ رخصت ہو گئے۔جاتے جاتے امی سے اتنا کہہ گئے کہ عدت پوری کر کے ہمارے ہاں آ جایئے گا۔مبارکہ جانتی تھی کہ امی جی اس طرح تو کسی بیٹے کے پاس بھی نہیں

جائیں گی۔اس نے مجھے الگ کر کے سارے صورتحال سے آگاہ کر کے کہا میں ایسی حالت میں پھوپھی کو اکیلے نہیں چھوڑ سکتی۔آپ جا کر بچوں کے سکول چھوڑنے کے سٹرٹیفکیٹ بھجوادیں۔میں اب پھوپھی کے پاس ہی رہوں گی۔چنانچہ پھر مبارکہ اور بچے امی جی کے پاس ہی رک گئے۔

میں نے کہیں پڑھا تھا کہ میاں بیوی میں محبت بہت زیادہ ہوتو دونوں کی شباہت یکساں ہوجاتی ہے۔ فیض اور ایلس کی تصویریں دیکھ کر یہ بات سچ معلوم ہونے لگتی ہے۔میرا خیال ہے میری اور مبارکہ کی شکلوں میں بھی کچھ ایسا تغیر رونما ہورہا ہے۔''من تو شدم تو من شدی'' کی حد تک تو محبت ٹھیک تھی لیکن جب اس مقام سے آگے بڑھی تو پھر دونوں کی شکلیں بگڑنے لگیں اور بگڑتے بگڑتے نوبت یہاں تک پہنچی کہ ''تم رہے نہ تم ہم رہے نہ ہم''۔اچھی بھلی شکلیں بگڑ گئیں مگر ہماری محبت کی شدت تو ثابت ہوگئی۔

میں اپنی فکری آزادہ روی کے باعث مبارکہ کے لئے بہت تکلیف کے سامان پیدا کر بیٹھا۔مذہبی تعصّب رکھنے والے عزیزوں نے طوفان اٹھالیا۔مبارکہ دوہرے عذاب میں تھی۔اپنی سوسائٹی کو چھوڑنا بھی اس کے لئے ممکن نہیں تھا اور مجھ سے علیحدگی کا بھی وہ سوچ نہیں سکتی تھی۔میرا خیال ہے انسان کی مظلومیت بجائے خود ایک طرح کا مقام ولایت ہے۔مبارکہ مظلومیت کی حالت میں تھی۔محلے کی ایک پردھان عورت نے کہا: مبارکہ کو حیدر سے طلاق لے لینی چاہئے۔۔چند ماہ کے اندر اسی عورت کی اپنی نو بیاہتا لیڈی ڈاکٹر بیٹی کو طلاق ہوگئی۔ہمارے ایک ''بزرگ'' نے امریکہ سے دباؤ ڈالا اور میرے ساتھ مبارکہ کے سماجی بائیکاٹ کا حکم صادر کردیا۔حکم نامے کے ایک ماہ کے اندران کے اپنے خاندان میں بیٹے بہو میں پھوٹ پڑ گئی جو بالآخر دونوں میں علیحدگی پر منتج ہوئی۔اسے مکافاتِ عمل کہئے۔نظامِ فطرت کہئے یا مظلوم پر جبر کا انجام۔رہے نام اللہ کا!

مبارکہ صاف دل اور صاف گو عورت ہے۔محبتی بیوی اور بے تکلف ماں ہے۔رضوانہ کو دیکھ کر عام طور پر ناواقف خواتین یہی سمجھتی ہیں کہ مبارکہ کی چھوٹی بہن یا نند ہوگی مگر جب انہیں معلوم ہوتا ہے کہ یہ اس کی بڑی بیٹی ہے تو حیران ہوتی ہیں۔ماں بیٹی میں صرف ساڑھے سولہ سال کا فرق ہے جبکہ میرے سب سے چھوٹے بھائی اعجاز اور میری عمر میں انیس سال کا فرق ہے۔(پس تم اپنے رب کی کن کن نعمتوں کا انکار کروگے)۔اپنے پانچوں بچوں رضوانہ،شعیب،عثمان،طارق اور درِثمین کے ساتھ مبارکہ نے دوستی کر رکھی ہے۔ماں والی دھونس نہیں جماتی البتہ دوستانہ دھونس ضرور جمالیتی ہے۔

کسی کی شادی ہو۔مبارکہ شادی بیاہ کی تقریبات میں بڑھ چڑھ کر حصہ لیتی ہے۔جب لڑکی کی رخصتی کا وقت آتا ہے دلہن سے زیادہ اس کے آنسو بہہ رہے ہوتے ہیں۔میں اس کی اس رقیق القلبی سے خاصا تنگ تھا۔خدا بھلا کرے ماموں سمیع کی بڑی بیٹی نوشی کا۔۔نوشی کی رخصتی ہونے لگی تو ممانی راشدہ پرسکون تھیں۔چھوٹی بہنیں مطمئن۔مگر ان کی کزن مبارکہ بیگم حسب معمول رو روکر ہلکان ہورہی تھی۔اتفاق سے میری نظر نوشی کی طرف اٹھ گئی۔دولہا کے ساتھ گھر سے باہر آتے ہوئے بی بی مسکرا رہی تھی۔۔گاڑیاں

رخصت ہوتے ہی میں نے مبارکہ بیگم کو پکڑ لیا۔ یہ کیا شرافت ہے۔ جس کی شادی ہے وہ مسکرا رہی ہے۔ اس کی ماں بہنوں کے چہروں پر اطمینان ہے اور آنجناب رو رو کر ہلکان ہو رہی ہیں۔ اللہ اس کا بھلا کرے کہ تب سے اس نے شادی بیاہوں پر رونے دھونے کا سلسلہ فی الحال ترک کر دیا ہے۔ (فی الحال اس لئے کہ اپنی بیٹیوں کی شادی پر وہ ساری کسر نکالے گی ☆)

مبارکہ کو مشرقی پنجاب سے غائبانہ انسیت ہے۔ اس کی ظاہر وجہ تو یہ ہے کہ قیام پاکستان کے کئی برس بعد ممانی مجیدہ ہندوستان گئیں تو وہیں مبارکہ کی پیدائش ہوگئی۔ ممانی مجیدہ سے ہی اسے معلوم ہوا کہ اس کی زچگی کرانے والی خاتون کا نام پیاری دیوی تھا۔ سو اسے مشرقی پنجاب سے بھی ایک لگاؤ ہے اور ''پیاری دیوی'' نام بھی بہت پیارا لگتا ہے۔ اس انسیت کی بعض لاشعوری وجوہات بھی ہوسکتی ہیں۔ مثلاً مبارکہ کے ددھیال، ننھیال سب مشرقی پنجاب سے پاکستان آئے تھے اور کئی جانوں کا نذرانہ دے کر پاکستان پہنچ پائے تھے۔ ہوسکتا ہے آباؤ اجداد کی سرزمین سے اسے لاشعوری طور پر محبت ہو۔ پھر مبارکہ ذات کے لحاظ سے باجوہ جٹ ہے جو پنجابی جٹوں کی ایک اعلیٰ ذات ہے۔ پانچویں چھٹی پشت سے یہ لوگ سکھ تھے۔ اب جو مشرقی پنجاب میں سکھوں کی تحریک چل رہی ہے ممکن ہے مبارکہ کے اندر کی چھپی ہوئی سکھنی کو مشرقی پنجاب کی موجودہ حالت کے باعث بھی اس علاقے سے انسیت محسوس ہوتی ہو۔ ۱۹۸۷ء میں ہم بھارت گئے تو مبارکہ کی شدید خواہش تھی کہ مشرقی پنجاب کے علاقے دیکھے جائیں مگر دہلی میں بعض دوستوں نے سمجھایا کہ وہاں کے حالات بے حد خراب ہیں۔ ایک دوست نے کہا ویزہ میں کل لگوا دیتا ہوں مگر آپ لوگوں کو ادھر جانے نہیں دوں گا۔ دراصل انہیں دنوں میں پنجاب میں ایک بس روک کر اس کے تمام مسافروں کو بغیر کسی تخصیص کے ہلاک کر دیا گیا تھا۔ اسی وجہ سے دلی کے دوستوں نے ہمیں مشرقی پنجاب نہیں جانے دیا اور اس علاقے کو دیکھنے کی مبارکہ کی آرزو پوری نہ ہوسکی۔

میری شاعری کو اس کے پورے پس منظر کے ساتھ جاننے والی واحد قاری مبارکہ ہے۔ اسے علم ہے کہ میری کون سی غزل یا نظم کب کہی گئی اور کیوں کہی گئی۔ اسے یہ بھی علم ہے کہ میں کس کس کو یہ باور کرا چکا ہوں کہ فلاں غزل درحقیقت آپ کے لئے کہی گئی اور یہ بھی علم ہے کہ اصلاً کس کے لئے کہی گئی۔ میری شاعری سے باہر کے اس سارے کھیل تماشے کو مبارکہ نے مزے لے کر دیکھا ہے۔ میری دوستوں سے اس نے کبھی خار نہیں کھائی، الٹا محبت کی۔

ایک دفعہ میری ایک بہت اچھی دوست نے مبارکہ کی موجودگی میں بتایا کہ ہاتھ کی لکیریں دیکھنے والے ایک ماہر نے بتایا ہے کہ تمہاری شادی کسی میرڈ Married سے ہوگی۔ کوئی اور شاعر ہوتا تو اس کی بیوی نے جو طوفان اٹھایا ہوتا اس کی لہریں اخبارات کے ادبی ایڈیشنوں تک پہنچتیں مگر مبارکہ نے زوردار قہقہے میں ساری بات اڑا دی۔ ایک دفعہ بعض عزیزوں نے اسے سمجھایا کہ مرد کا اتنا اعتبار کرنا بھی ٹھیک نہیں ہوتا (گویا تھوڑا بہت شک کرتے رہنا چاہیے) مگر مبارکہ پر کوئی اثر نہ ہوا۔ جھلا کر ایک عزیز نے یہاں تک

کہہ دیا: اب تمہاری آنکھیں اسی وقت کھلیں گی جب وہ بچوں سے بھراٹو کرا لے کر گھر آئے گا۔ کبھی کبھی مجھے محسوس ہوتا ہے مبارکہ کے اندر وہی دو سال کی بچی بیٹھی ہے جسے دیکھ کر میں نے کہا تھا اسی کے ساتھ شادی کروں گا۔ معصوم، بھالی بھالی ایسے کبوتر (بلکہ کبوتری) کی طرح جو بلّی کو دیکھ کر آنکھیں بند کر لے اور خود کو محفوظ سمجھ لے۔ مگر نہیں۔۔ مبارکہ نے تو آنکھیں بھی ہمیشہ کھلی رکھی ہیں اور بلیوں کو دیکھ کر بھی خود کو محفوظ سمجھتی رہی ہے۔ قدرت خدا کی۔ ہر خطرے سے محفوظ بھی گزر جاتی رہی ہے۔ ہر چند اس میں خدا کی قدرت کے ساتھ میری شرافت کا بھی دخل ہے۔

ایک دفعہ میں نے مبارکہ سے پوچھا: تمہیں مجھ پر اتنا اعتماد کیوں ہے؟

''اعتماد''؟۔۔ مبارکہ نے حیرت سے کہا اور پھر رواں ہوگئی ''تمہارے ساتھ شادی کون کرے گی؟ کس کا دماغ خراب ہے؟ شکر کرو کہ میں مل گئی ہوں اور وہ بھی اس لئے کہ تمہارے ماموں کی بیٹی ہوں''

ان جملوں سے ہمارے درمیان پائی جانے والی (یک طرفہ) بے تکلفی کا اندازہ کیا جا سکتا ہے۔ اس سے زیادہ مبارکہ کے بارے میں لکھنے کی جرأت نہیں۔ اس خاکے کا دوسرا حصہ مبارکہ کی وفات کے بعد لکھوں یا میری وفات کے بعد وہ لکھے گی۔

☆ رضوانہ کی شادی پر ساری کسر نکال دی ہے۔ جزاک اللہ

☆☆☆

(خاکہ)

پسلی کی ٹیڑھ

(پہلے خاکے سے انتیس سال بعد لکھا جانے والا دوسرا حصہ)

لگ بھگ انتیس سال پہلے جب میں نے مبارکہ کا خاکہ ''پسلی کی ٹیڑھ'' لکھا تھا تو اس کے آخر میں لکھا تھا: ''اس خاکے کا دوسرا حصہ مبارکہ کی وفات کے بعد لکھوں گا یا میری وفات کے بعد وہ لکھے گی۔''

دس سال پہلے ۲۰۰۹ء میں میرے ایک خواب میں مجھے بتایا گیا تھا کہ اسی سال دسمبر میں، میں نے فوت ہو جانا ہے۔اس قصہ کی تفصیل میری یادوں کے باب ''لبیک اللھم لبیک'' میں محفوظ ہے پھر اس سلسلہ کی مزید وضاحتیں اور تعبیر و تاویلات یادوں کے اگلے باب ''زندگی در زندگی'' میں لکھی جا چکی ہیں۔انتیس سال پہلے لکھے گئے خاکے سے لے کر دس سال پہلے کے خواب تک میرے اور مبارکہ کے درمیان یہ مقابلہ رہا کہ پہلے میں نے اگلی دنیا میں جانا ہے۔بالآخر مبارکہ نے ایک بار روہانسی ہو کر کہا کہ آپ میرے بعد بھی ہمت کر کے جی لیں گے لیکن میں آپ کے بعد نہیں جی سکوں گی۔سو ہمارا پہلے مرنے کی خواہش کا معاملہ معلق سا ہو گیا۔لیکن یکم جنوری ۱۹۵۶ء کو پیدا ہونے والی مبارکہ اب ۲۷ مئی ۲۰۱۹ء کو میرے جیتے جی فوت ہو کر مجھ سے بازی لے گئیں۔

۲۴ر اکتوبر ۲۰۰۹ء سے مبارکہ کو ڈایلے سز کی مشقت سے گزرنا قرار پایا اور لگ بھگ سوا سال کے بعد ۱۴ر فروری ۲۰۱۱ء کو ان کے گردے پھر سے کام کرنے لگ گئے اور محض دعاؤں اور دواؤں کے سہارے ڈایلے سز کی مشقت سے نجات مل گئی۔پھر تقریباً چار سال کے بعد ۷ر جنوری ۲۰۱۵ء سے پھر ڈایلے سز کرانا ضروری قرار پایا۔تب سے اب تک ہفتہ میں تین بار ڈایلے سز کا عمل جاری تھا۔۲۷ مئی ۲۰۱۹ء کو رمضان شریف کی ۲۱ تاریخ تھی۔آخری عشرہ کا پہلا دن۔فجر کی نماز کے لیے سوا چار بجے کا الارم لگایا ہوا تھا۔معمول کے مطابق الارم بجتے ہی مبارکہ بیگم بیدار ہو گئیں۔بائیں بازو پر ڈایلے سز کے لیے جو شنٹ (shunt) لگا ہوا تھا مبارکہ نے اس کا پلستر ہٹا کر خارش کرنا چاہی۔(ایسا وقتاً فوقتاً کر لیا کرتی تھیں) لیکن اس دن ایسا ہوا کہ شنٹ کا کنکشن ٹیوب بھی باہر سرک آیا،شاید دس سال پہلے نصب ہونے کی وجہ سے کچھ لوز ہو گیا تھا۔بس پھر خون کا فوارہ بہہ نکلا۔مجھے مبارکہ نے آواز دی کہ خون رُک نہیں رہا۔میں فوراً اٹھ کر گیا۔مبارکہ کی ہدایت کے مطابق خون کے اخراج کو روکنے کی کوشش کی۔لیکن بے سود۔ان کا آخری وقت آ گیا تھا اور کثرت سے خون بہہ جانے کے باعث وہ اپنے ہی خون میں لت پت ہو کر اللہ کو پیاری ہو گئیں۔

فوری طور پر میں نے ساتھ والے گھر سے منجھلے بیٹے عثمان کو بلایا۔اس نے ایمبولینس کے لیے فون کیا اور ماں کو سنبھالنے لگا۔ میں دوڑ کر گیا اور چھوٹے بیٹے طارق کواس کے گھر سے جگا کر لایا۔اس دوران ایمبولینس بھی آ گئی لیکن مبارکہ کی زندگی کی کہانی مکمل ہو چکی تھی۔ باقی بچوں کو فون کیے۔امریکہ میں اپنی بہن زبیدہ کو فون کر کے بتایا اور ساتھ ہی کہہ دیا کہ سارے عزیز واقارب کو اطلاع کر دیں۔ یہ ساری کاروائی دس سے پندرہ منٹ کے اندر مکمل ہوگئی۔مبارکہ کے اندر زندہ رہنے کی خواہش مجھ سے زیادہ تھی لیکن دو اضافی خواہشوں کے ساتھ،ایک یہ کہ میں اس کے ساتھ موجود ہوؤں اور دوسری یہ کہ جتنی زندگی ہو متحرک اور چلتی پھرتی ہو۔محتاجی کے دکھ والی نہ ہو۔سو اپنی خواہش کے عین مطابق وہ چلتے پھرتے اور آخری وقت تک مجھے حفاظتی تدبیر کی ہدایت دیتے ہوئے اپنی زندگی کا سفر مکمل کر گئیں۔

عزیز واقارب کو اطلاع ملتے ہی تعزیتی کالز کا تانتا بندھ گیا۔امریکہ سے میری بہن زبیدہ، بھائی نوید انجم اور کزن اویس باجوہ اور انگلینڈ سے مبارکہ کی دو بہنیں غزالہ اور بشریٰ ہما،اور بشریٰ ہما کے شوہر عطاء الرحمٰن بھٹی، مبارکہ کے آخری سفر میں انہیں الوداع کہنے کے لیے جرمنی پہنچ گئے۔ جرمنی میں مقیم سارے عزیز واقارب اور دوست احباب بھی ہمارے ساتھ تھے۔۲۷ مئی کو وفات ہوئی، ۲۸ مئی کو نمازِ جنازہ، ۲۹ مئی کو تدفین سے پہلے پھر نمازِ جنازہ اور اسی روز دوپہر تک تدفین کر دی گئی۔مبارکہ کی قبر کے ساتھ والا قبر کا پلاٹ میں نے اپنے لیے بک کرا لیا ہے۔اس بکنگ کے لیے خاصی رقم ادا کرنا پڑی لیکن کام پکا ہو گیا ہے۔

وفات سے کچھ عرصہ پہلے مبارکہ نے خواب دیکھا تھا کہ ماموں ناصر، میرے امی، ابو اور بعض اور فوت شدہ قریبی عزیز موجود ہیں اور ان کے ساتھ گپ شپ ہو رہی ہے۔خواب سن کر میں نے فوراً پوچھا تھا کہ کسی بزرگ نے کچھ مانگا تو نہیں تھا؟۔۔۔مبارکہ نے بتایا نہیں کسی نے کچھ نہیں مانگا۔اس پر مجھے تسلی ہو گئی۔مبارکہ کو گاہے بگاہے فوت شدہ عزیز ملتے رہتے تھے،اس لیے یہ خواب بھی انہیں خوابوں کا تسلسل تھا،لیکن شاید ایسا نہیں تھا۔

جنوری ۲۰۱۹ء کے شروع میں کسی بنا پر میں نے مبارکہ سے کہا تھا کہ یہ سال ہم دونوں کے لیے سخت ہے اس لیے ہمیں کوشش کرنی چاہیئے کہ کسی بات پر بھی غصہ نہیں کریں، جھگڑا نہیں کریں، ایسی فضا نہ بنے جہاں انسان اشتعال میں آ کر علیٰحدگی کی بات کر دے۔تب میری چھوٹی بیٹی اور داماد بھی موجود تھے۔مبارکہ نے میری بات کو سمجھنے کی کوشش کرنے کی بجائے میری اس بات کا مذاق اڑایا کہ اشتعال کے کسی لمحے میں ہماری علیٰحدگی ہوسکتی ہے۔یہ مذاق اڑانا خاصے بے تکلفانہ الفاظ میں تھا۔تب میں نے پھر کہا مبارکہ بیگم!اس سال ہماری جدائی کا خطرہ ہے۔ضروری نہیں کہ یہ جدائی علیٰحدگی کی صورت میں ہو، یہ ہم دونوں میں سے کسی ایک کی موت کی صورت میں بھی ہوسکتی ہے۔

اب مبارکہ کی وفات کے بعد چھوٹی بیٹی اور داماد نے یہ بات دوسرے بھائی بہنوں کو بتائی، پھر مجھ سے پوچھا کہ آپ نے کس وجہ سے یہ بات کہی تھی جو لفظ بلفظ پوری ہوگئی۔میں نے سب کو یاد

دلایا کہ میں اور مبارکہ، ہم دونوں گزشتہ دس برس سے اللہ میاں کے خصوصی بونس پر جی رہے تھے۔اور ہم میں سے کسی کی وفات کا سانحہ کسی وقت بھی پیش آ سکتا تھا۔ہاں اس برس کے شروع میں ہی ایک آدھ اشارے اور ہلکی سی جمع تفریق سے یہ واضح ہوا تھا کہ یہ سال جدائی کا سال ہوسکتا ہے،سو ہو گیا۔

چھوٹے بیٹے طارق (ٹیپو) کی اپنی پہلی بیوی سے علیحدگی ہو چکی تھی۔اس سال کے شروع میں اس کی نئی منگنی کر دی گئی۔طوبیٰ بہت ہی پیاری بچی ہے۔مبارکہ اس رشتہ سے بہت خوش تھیں اور انہوں نے اپنی بہن بشریٰ ہما اور میری بہن زبیدہ کو اور مزید بھی کئی عزیز رشتہ داروں کو بتا رکھا تھا کہ وہ ٹیپو اور طوبیٰ کے رشتہ سے بہت خوش اور مطمئن ہیں۔۲۵ مئی کو ہم لوگ طوبیٰ کے گھر گئے۔مبارکہ اپنی چھوٹی بہو کے لیے روایتی عیدی لے کر گئی تھیں۔اگلے روز ۲۶ مئی کو دو انوکھے واقعات ہوئے۔

ایک یہ کہ۔۔۔۔میں سات بجے سے پہلے پہلے ناشتہ کر لیتا ہوں جبکہ مبارکہ نو بجے کے بعد ناشتہ کیا کرتی تھیں۔۲۶ مئی کو مبارکہ ناشتہ کر رہی تھیں اور میں صوفے پر بیٹھا تھا۔جی چاہا کہ ٹی وی پر یوٹیوب میں جا کر پرانی فلم ''مغل اعظم'' کے دو تین گانے سنوں۔پہلے گانا لگایا ''ہمیں کاش تم سے محبت نہ ہوتی''۔۔۔یہ گانا ختم ہونے تک مبارکہ ناشتہ کر چکی تھیں۔میں نے دوسرا گانا لگایا۔

خدا نگہبان ہو تمہارا دھڑکتے دل کا پیام لے لو

تمہاری دنیا سے جا رہے ہیں،اٹھو ہمارا سلام لے لو

مبارکہ نے کافی کا کپ ہاتھ میں لیا اور صوفے پر آ کر میرے ساتھ بیٹھ گئیں۔مبارکہ کو عام طور پر گانوں میں زیادہ دلچسپی نہیں رہی لیکن اس دن انہوں نے میرے ساتھ بیٹھ کر بڑے انہماک کے ساتھ وہ گانا سنا،اتنی توجہ کے ساتھ کہ مجھے لگا ہم دونوں اس گانے کو دل کی گہرائی کے ساتھ ایک دوسرے سے شیئر کر رہے ہیں۔گانا ختم ہونے پر پھر یہی گانا دوبارہ لگا دیا۔تب میں نے فلم بنائے جانے کے دوران اس گیت کے پس منظر کی بابت بھی مبارکہ کو کچھ بتایا۔

دوسرا یہ کہ۔۔۔۔۲۶ کو بڑی بیٹی رضوانہ کا ایک کام سے آنا طے تھا۔وہ آئی تو اس کے میاں اور بچے بھی ساتھ آ گئے۔کچھ دیر بعد معلوم ہوا کہ چھوٹی بیٹی درِثمین بھی اپنی فیملی کے ساتھ آ رہی ہے۔عثمان کے گھر میں بچوں کا شور پہنچا تو اس کی ساری فیملی بھی آ گئی۔پھر ٹیپو بھی آ گیا اور مزید کمال یہ ہوا کہ ٹیپو کی منگیتر طوبیٰ بھی اپنے بھائی کے ساتھ پہنچ گئی۔پورا دن گھر میں رونق رہی۔مبارکہ خود بھی کچن میں کام کرتی رہیں۔شام کو افطاری کے بعد سارے بچے اپنے اپنے گھر واپس جانے لگے۔

ساڑھے دس بجے تک فراغت ملی۔صبح سوا چار بجے فجر کی نماز کے لیے الارم بجا تو مبارکہ اٹھیں اور پھر وہی شنٹ کی ٹیوب باہر نکل آنے کا سانحہ ہو گیا جس کا ذکر شروع میں کر آیا ہوں۔کل کے فیملی اجتماع کے ٹھیک چھ گھنٹے کے بعد صبح ساڑھے چار بجے کے لگ بھگ میں بچوں کو مبارکہ کی وفات کی اطلاع دے رہا تھا۔یہ فیملی اجتماع جو کسی پروگرام کے بغیر از خود ہو گیا تھا،اس لحاظ سے اچھا رہا کہ بچوں نے محبت اور خوشی

کے ماحول میں ماں سے آخری ملاقات کر لی اور مبارکہ نے بھی بچوں کی گہما گہمی اور خوشی کا اپنی ساری ممتا کے ساتھ مزہ لیا۔

اب گانے والی بات کی طرف آتا ہوں۔صبح سوا چار بجے مبارکہ نے مجھے آواز دے کر کہا کہ خون زیادہ بہہ رہا ہے، رُک نہیں رہا، آپ آکر دیکھیں۔تو یہ گویا ان کی طرف سے پیام تھا کہ یہ دل بس مزید چند منٹ تک دھڑکنے والا ہے، اس لیے اس کا پیام سن لو۔ میں تمہاری دنیا سے جا رہی ہوں سواٹھو اور میرا اسلام لے لو۔۔۔مبارکہ کی وفات کی صورتِ حال کے ساتھ یہ گانا اتنا زیادہ جڑ گیا ہے کہ جیسے یہ حقیقتاً ہمارے لیے بنایا گیا ہو۔دلیپ کمار اور مدھو بالا تو اس گانے میں اداکاری کر رہے تھے ہم دونوں پر تو یہ گانا ایک نئی معنویت کے ساتھ گزر رہا تھا۔

گانا شروع ہونے سے پہلے ایک شعر گایا جاتا ہے۔

وہ آئی صبح کے پردے سے موت کی آواز
کسی نے توڑ دیا جیسے زندگی کا ساز

یہ شعر بھی لفظ بلفظ مبارکہ پر گزرا۔۔۔فجر کی نماز کا وقت تھا اور اس صبح کے پردے سے موت نے آواز دی۔شنٹ مبارکہ کی زندگی کا ساز تھا۔اس کی ٹیوب کا باہر نکل آنا، زندگی کے ساز کا ٹوٹ جانا ہی تھا۔صرف یہ شعراور مکھڑا ہی نہیں، پورا گیت لفظ بلفظ ہم پر گزرا، لیکن اس کا ذکر یہیں ختم۔

اس سے پہلے ۴راپریل ۲۰۱۹ء کو ہم نے اپنی شادی کی ۴۸ ویں سال گرہ منائی تھی۔ یہ مکمل فیملی فنکشن تھا۔اس کی ایک منفرد پیش کش یہ ہوگئی کہ میں نے کہا سارے پوتے پوتیاں اور نواسے نواسی ہم دونوں کے درمیان بیٹھ کر کیک کاٹیں۔کاٹے ہوئے کیک کو ہی بار بار کاٹیں تاکہ سب کی ہمارے ساتھ تصاویر بن جائیں۔اتفاق کہہ لیں کہ ہمارے گرینڈ چلڈرن نے ہمارے ساتھ تصویر بنواتے وقت اپنی خوشی کا بھرپور اظہار کیا۔سارے بچے تصویر میں قہقہہ لگاتے یا ہنستے مسکراتے ہوئے محفوظ ہو گئے۔ یہ ہماری شادی کی آخری سالگرہ تھی اور اس لحاظ سے ساری تصاویر یادگار ہو گئیں۔عجیب اتفاق ہے کہ اس یادگار تقریب میں بھی ٹیپو کی منگیتر طوبیٰ شرکت کے لیے خصوصی طور پر پہنچی اور ہم دونوں کے لیے اس کی شرکت دلی خوشی کا باعث ہوئی۔(الحمدللہ کہ مبارکہ کی خواہش کے مطابق اب ٹیپو اور طوبیٰ کی شادی ہو چکی ہے، دونوں بچے اس نئی زندگی سے بے حد خوش ہیں۔اللہ انہیں ہمیشہ خوش رکھے اور ہر بری نظر سے محفوظ رکھے۔آمین)

میں نے اس تقریب میں کیک کا پہلا ٹکڑا کاٹ کر اسے آدھا آدھا کیا ایک ٹکڑا مبارکہ کو دیا اور ایک ٹکڑا خود لیا۔ساتھ ہی میں نے کہا: ہم دونوں نے زندگی بھر ایک دوسرے کا جوٹھا نہیں کھایا، اس سے ثابت ہوا کہ ایک دوسرے کا جوٹھا کھانا محبت کے لیے ضروری نہیں ہے، ہم دونوں اس حقیقت کا جیتا جاگتا ثبوت ہیں۔زندگی میں بے شمار مرتبہ ایک ہی پلیٹ میں کھانا کھایا ہے لیکن ایک دوسرے کا جوٹھا کبھی نہیں کھایا۔یہاں فرحت نواز کا ایک مزیدار شعر یاد آ گیا۔

وہ جھوٹا آج پھر آئے گا فرحت
مجھے وہ آج پھر جھوٹا کرے گا

فرحت کی بعض سہیلیوں نے دوسرے مصرعہ میں تصرّف کر کے ''جھوٹا'' کو ''جوٹھا'' کر دیا اور اس شعر کا مزہ لیتی رہیں۔تاہم یہ حقیقت ہے کہ میں نے اور مبارکہ نے زندگی بھر ایک دوسرے کا یا کسی تیسرے کا ''جوٹھا'' کبھی نہیں کھایا۔اس معاملہ میں ہم دونوں ہم مزاج تھے حالانکہ دوسرے بے شمار معاملات میں ہمارے مزاج ایک دوسرے سے مختلف رہے لیکن جیسے مزاجوں کا اختلاف ہمارے تعلق میں کبھی رخنہ نہیں ڈال سکا، ویسے ہی یہ جوٹھا نہ کھانے کی ہم مزاجی بھی ہمارے تعلق میں کوئی خرابی پیدا نہیں کر سکی۔

فرحت نواز کے شعر کا ذکر ہوا تو یاد آیا ایک بار انہوں نے میری اور مبارکہ کی ۱۹۹۱ء کی ایک تصویر دیکھی تو کہا کہ مبارکہ کی آنکھوں میں بلا کی خود اعتمادی ہے جبکہ آپ دبے ہوئے سے لگ رہے ہیں۔پھر خود ہی کہنے لگیں، بیوی کو ایسی خود اعتمادی شوہر سے ہی ملتی ہے۔یہ آپ کی ہی دی ہوئی خود اعتمادی ہے۔تب میں نے انہیں بتایا کہ میں نے ساری زندگی مبارکہ سے اپنے جوتے پالش نہیں کرائے۔اسے اس کام سے ہمیشہ منع کیے رکھا۔

اسی بات کے تناظر میں ایک اور بات یاد آ گئی، ہمارا صوفہ ایل ٹائپ کا ہے۔میں بیڈ کی بجائے صوفہ پر مزے سے سوتا ہوں۔میری عادت کی وجہ سے مبارکہ نے بھی بیڈ کی بجائے صوفہ پر سونا شروع کر دیا۔ہمارے سونے کا طریق یوں تھا کہ ہم دونوں کے پاؤں ساتھ ساتھ ہوتے تھے۔لیکن کئی بار ایسا ہوتا کہ رات کو آنکھ کھلتی تو دیکھتا کہ مبارکہ نے سائیڈ تبدیل کر لی ہے اور اب میرے پیروں کی طرف ان کے پاؤں نہیں بلکہ سر ہے۔مجھے یہ اچھا نہیں لگتا تھا چنانچہ پھر میں بھی اپنا سر اسی طرف کر لیتا۔یہ معمولی سی بات ہے لیکن شاید اس کے اندر کہیں، ایک دوسرے کے لیے ہم دونوں کی شخصیت کا اندازہ کیا جا سکتا ہے۔

۱۹۸۶ء سے میرا معمول ہے کہ ہر جمعہ کے دن فجر کی نماز کے بعد سورہ یاسین اور سورہ صافات پڑھتا ہوں اور پھر ہاتھ اٹھا کر اللہ تعالیٰ سے اپنی زبان میں کوئی ایک دلی مراد مانگتا ہوں۔

اس طریقِ دعا سے میری بہت ساری مرادیں پوری ہو چکی ہیں۔سال چھ مہینے کے بعد مبارکہ نے بھی جمعہ کے دن کوئی دلی مراد مانگنے کا یہی طریق شروع کر دیا۔لگ بھگ ۲۸ سال کے بعد ۲۰۱۵ء میں خاندان کی بھری محفل میں مبارکہ نے بے اختیاری میں ایک حیرت انگیز اور خوشگوار انکشاف کیا۔چھوٹے بیٹے طارق کی زندگی میں بہت سارے مسائل اور مصائب آرہے تھے۔اس نے اپنی پریشانیوں کا ذکر کرتے ہوئے مبارکہ سے کہا کہ ماں! اس جمعہ کو میرے لیے خاص دعا کر دیں۔اس پر مبارکہ نے کہا کہ کسی دوسرے سے دعا کرانے سے پہلے خود دعا کرنی چاہئے، اس لیے خود دعا کرو۔نماز میں تمہارے لیے اور باقی سارے بچوں کے دعا کرتی رہتی ہوں۔مزید کر لوں گی۔لیکن یہ خاص دعا کسی کے لیے نہیں کر سکتی کیونکہ میں نے جب سے یہ مخصوص دعا شروع کی ہے صرف اور صرف آپ کے ابو کے لیے ہی دعا کی

ہے۔اس کے علاوہ کوئی دعانہیں کی۔ بے اختیاری اور بے ساختگی میں کیا جانے والا یہ انکشاف میرے لیے آج بھی حیران کن ہے۔کوئی بیوی اتنے طویل عرصے سے اپنے خاوند کے لیے لگا تار ایک ہی دعا کر رہی ہے اور جس کے لیے دعا کر رہی ہے اسے علم تک نہیں۔ یہ بھی اچھا ہوا کہ ۲۸ سال کے بعد کسی بہانے سے ہی یہ بات مبارکہ کے منہ سے نکل گئی۔اور میرے علم میں آ گئی۔لیکن اس انکشاف کے بعد سے اب تک میری خوشگوار حیرت ختم ہی نہیں ہو رہی۔

اپنے والدین کی وفات کے بعد میں نے بہت کم انہیں خواب میں دیکھا ہے لیکن مبارکہ کو اکثر پھوپھا، پھوپی، ماموں ناصر اور باباجی خواب میں ملتے رہتے تھے۔اب سوچتا ہوں تو خیال آتا ہے کہ میرے والدین ہی مبارکہ کا سسرال تھے اور میرے والدین ہی مبارکہ کا مائیکہ تھے۔ چودہ پندرہ سال کی عمر میں پھوپی کے گھر بیاہ دی جانے والی بچی نے پھر پھوپی کے گھر کو ہی اپنا سب کچھ مان لیا تھا۔شاید یہی وجہ ہے کہ میرے والدین مجھ سے زیادہ انہیں خواب میں ملتے رہتے تھے۔

مبارکہ کو چڑیاں پالنے کا بہت شوق تھا لیکن عجیب بات ہے کہ ہمیشہ تین چڑیاں پنجرے میں رکھیں۔گزشتہ دس برس (۲۰۰۹ء سے ۲۰۱۹ء تک) کے عرصہ میں ایک دو برس چھوڑ کر تقریباً ہر سال ہی مبارکہ کو ایمرجنسی میں لے جانا پڑتا تھا۔ ہر بار چند دن کی افراتفری کے بعد ایسا ہوتا کہ گھر میں ایک چڑیا مر جاتی اور اُدھر مبارکہ بیگم ہسپتال میں ٹھیک ہو جاتیں۔ٹھیک ہو کر گھر آتیں تو پھر ایک اور چڑیا لا کر دو کو تین کر دیتیں۔اس بار مبارکہ گھر پر ہی رہیں اور دس منٹ میں دوسری دنیا کی طرف سدھار گئیں۔کسی چڑیا کو اپنی مالکن کے لیے قربانی دینے کی مہلت ہی نہیں ملی۔ یہ سب کچھ اتفاق ہی ہوگا لیکن عجب اتفاق ہے!

فوتگی سے لے کر تدفین کے دن تک تینوں دن چڑیاں بالکل خاموش رہیں۔چوتھے دن پھر انہوں نے ہلکا ہلکا چہکنا شروع کر دیا۔

چڑیوں کو پالنے کے ساتھ مبارکہ کو گھر میں پودے لگانے کا بھی بہت شوق تھا۔گملوں میں سہی لیکن مختلف پھول دار پودے اُگا رکھے تھے،بعض سبزیوں کو اگانے کے تجربے بھی کرتی رہتی تھیں۔

گزشتہ چند مہینوں سے ہمارے معمولات میں ایک تبدیلی آئی تھی۔ جرمنی میں مقیم شاعر طاہر عدیم کی فیملی کے ساتھ ہمارا پہلے بھی تھوڑا بہت ملنا جلنا تھا لیکن حالیہ دنوں میں ان کے ساتھ میل جول زیادہ ہو گیا تھا۔طاہر کی اہلیہ مونا کی والدہ کچھ عرصہ پہلے وفات پا گئی تھیں اور انہیں اب مبارکہ میں جیسے اپنی امی کی جھلک نظر آتی تھی۔سو مبارکہ بھی ان کی دل جوئی کرتی رہتی تھیں۔

طاہر عدیم اور مونا کے ذکر سے یاد آیا کہ قبر تیار ہونے کے بعد سب سے پہلے ان کی بیٹی سلطنت نے مبارکہ کی قبر پر پھول رکھے تھے۔دوسرے دن میں قبر پر دعا کرنے گیا۔دعا کے بعد کچھ دیر وہیں رکا رہا، پھر واپسی کے لیے مڑا تو سلطنت کے رکھے ہوئے پھول اپنی جگہ سے سرک کر ذرا سا نیچے کو گر گئے۔پھولوں کے سرک کر گرنے کی آواز مجھے بالکل ویسی ہی لگی جیسی مبارکہ نے مجھ سے ۲۴ ستمبر ۲۰۰۹ء کو

گہری بے ہوشی کی حالت میں کہا تھا'' کتھے چلے او!''

میں آواز سن کر فوراََ مڑا اور بے ساختگی سے مبارکہ کو مخاطب کر کے کہا۔

''ابھی نہ جاؤں؟،اچھا نہیں جاتا'' اور پھر قبر کے قریب بیٹھ گیا۔

ایسے سانحہ کے قریب ترین دنوں کی کیفیت کے ساتھ ان سے باتیں کرتا رہا۔اسی دن شام کو پھر قبرستان گیا۔اپنی چھتری ساتھ رکھے بنچ کے ساتھ ٹکائی۔مبارکہ کی قبر پر ان کی مغفرت کی دعا کی۔حالیہ دنوں میں جرمنی میں بہت زیادہ گرمی پڑ رہی ہے۔قبر کو دیکھا تو شدید گرمی کے اثرات محسوس ہوئے۔قریب ہی پانی کی فراہمی کا باقاعدہ انتظام موجود تھا۔سوچا پانی بھر کر لاتا ہوں اور قبر پر مناسب چھڑکاؤ کرتا ہوں۔

جیسے ہی میں پانی لینے کے لیے جانے لگا بینچ سے ٹکی ہوئی میری چھتری نیچے گر گئی۔میں نے نمناک مسکراہٹ کے ساتھ مڑ کر دیکھا اور جیسے ہم معمول کے مطابق ایک دوسرے سے بات کیا کرتے تھے ویسے ہی کہا۔''ابھی ادھر ہی ہوں۔کہیں نہیں جا رہا۔پانی لاتا ہوں تا کہ قبر پر چھڑکاؤ کر دوں''۔

پانی کے چھڑکاؤ کے بعد میں پھر قبر کے قریب ہو کر بیٹھ گیا اور انہیں بتانے لگا کہ میں نے اپنی کتاب ''حیاتِ مبارکہ حیدر'' پر کام شروع کر دیا ہے۔

پھولوں کا اپنی جگہ سے سرک کر گرنا،چھتری کا بینچ سے گر جانا،اگر یہ اتفاق تھے تو تب بھی غم کی خاص کیفیت میں عین ایسی صورتِ حال میں ایسے اتفاق ہو جانا اچھے لگتے ہیں۔لیکن اگر یہ سچ مچ مبارکہ کی روح تھی جو مجھے مزید کچھ دیر کے لیے روک رہی تھی،(اور مجھے لگتا ہے کہ ایسا ہی تھا) تو یہ احساس بھی ایک روحانی طمانیت کا موجب بنتا ہے۔

مبارکہ کی علالت کے دس سالہ دور میں ویسے تو سارے بچے حسبِ توفیق ماں کو دباتے رہتے تھے۔تاہم عثمان کو یہ امتیاز حاصل ہے کہ ماں کے کہے بغیر وہ وقتاََ فوقتاََ شام کے وقت گھر کا چکر لگاتا اور ماں سے پوچھتا کہ پاؤں مالش کر دوں؟

پھر تیل کو ہلکا سا گرم کرتا اور مبارکہ کے پیروں کی مالش کرتا۔ٹخنوں کو بھی مالش کرتا۔بعض اوقات سر میں بھی تیل ڈالتا اور اچھے سے مالش کرتا۔باقی سارے بچوں کے مقابلہ میں عثمان کا یہ ایسا اعزاز ہے جس میں کوئی بھی اس کے مقابل نہیں ہے۔شاید ماں کی اس انوکھی خدمت کا صلہ تھا کہ مبارکہ کی فوتگی پر سب سے پہلے اسے بلانا پڑا اور اسی نے ماں کو ان کے آخری سانسوں میں سنبھالا۔مجھے بھی ایک بار عثمان نے پیش کش کی تھی کہ میرے پیروں کو مالش کر دے۔اس پر میں نے کہا تھا کہ یار!ایک تو میرے پیروں کے نیچے جنت نہیں ہے،دوسرا یہ کہ کوئی میرے پیر کے تلوے کو ہلکا سا بھی چھوئے تو مجھے بہت زیادہ گدگدی ہوتی ہے۔

اگلی نسل کے بچے قابو میں آنے کی صورت میں اپنی دادی رنانی کو دباتے رہتے تھے لیکن ہمارے نواسے

مسرور کوثر (جگنو) کا دبانا مبارکہ کو سب سے اچھا لگتا تھا۔اسے ہمیشہ شاباش ملتی رہتی تھی۔تدفین کے بعد جگنو پہلی بار نانی کی قبر پر گیا۔نانی کی ٹانگوں والے حصے کے قریب بیٹھ کر قبر کو اسی طرح دبانے لگا جیسے نانی کی ٹانگیں دبایا کرتا تھا۔قبر کے ذریعے نانی کی ٹانگیں دباتا جارہا تھا اور جھکے ہوئے سر کے ساتھ آنسو بہاتا جارہا تھا۔ بہت ہی جذباتی سا منظر تھا۔

چھوٹی بیٹی کا چھوٹا بیٹا ساحر سوا سال کا ہے۔نانی کے جیتے جی اسے کہتے کہو نانی۔۔۔۔وہ آگے سے کہتا نانا۔۔۔مبارکہ کہتی ''پڑھو لا الہٰ الا اللہ۔۔۔'' تو صاف انکار کر دیتا۔اب جو نانی کی قبر پر گیا تو وہاں بیٹھتے ہی لا الہٰ پڑھنا شروع کر دیا۔۔۔اور نانی نانی تو ہر وقت ہی کرتا رہتا ہے۔اب میں کہتا ہوں کہ کہو نانا ،تو آگے سے کہتا ہے نانی۔۔۔اور ساتھ مسکراتا بھی ہے۔

میرے دونوں چھوٹے پوتے شایان اور شیراز تو نماز جنازہ اور تدفین کے دن زیادہ تر میرے ساتھ یا قریب ہی رہے۔لیکن چھوٹی پوتی ثانیہ نے دوسرے دن ایک عجیب بات پوچھ لی۔میں چھ سال کی بچی کی گہری نگاہ پر حیران رہ گیا۔کہنے لگی دادا ابو! کل سب رو رہے تھے،آپ کیوں نہیں رو رہے تھے؟۔۔۔تب اسے پیار سے سمجھایا کہ دادا ابو رویا نہیں کرتے۔

میرے منجھلے بیٹے عثمان کا گھر میرے گھر کے بالکل ساتھ ہے۔وفات والے دن گھر کی خواتین کو عثمان کے گھر بھیج دیا تاکہ ایمبولینس والے اپنی ضابطے کی کاروائی مکمل کر لیں۔کچھ دیر کے بعد میں گھر سے ذرا سا نکلا تو دیکھا کہ ہمارے دروازے کے سامنے میری بڑی پوتی ماہ نور کھڑی ہے۔میں نے اسے ملائمت سے کہا کہ بیٹا سب چچا کے گھر میں ہیں،آپ بھی وہاں بیٹھ کر انتظار کرو۔اس نے نفی میں سر ہلایا،بولی کچھ نہیں۔اب جو پوتی کو غور سے دیکھا تو آنسوؤں سے چہرہ بھرا ہوا تھا۔میں نے اسے پیار سے دلاسہ دیا اور اپنے ساتھ ہی گھر میں لے آیا کہ چلو ایسے ہی دادی کو دیکھتی رہو۔ماہ نور کی طرح ہر بچے کی ایسی ہی ملتی جلتی کیفیات تھیں۔میرے ساتھ والا گھر عثمان کا ہونے کا ایک فائدہ یہ ہوا کہ اس گھر کو تعزیت کے لیے آنے والی خواتین کے لیے مخصوص کر دیا گیا اور ہمارا اپنا گھر تعزیت کے لیے آنے والے مردوں کے لیے کھول دیا گیا۔عثمان کی بیوی نادیہ نے سوگ کے ان ایام میں اپنے معمول سے کہیں زیادہ کام کیا۔ویسے دیگر بہو بیٹیاں بھی ساتھ تھیں اور سب نے اپنی اپنی ہمت کے مطابق کام کیا۔

اپنے انتیس سال پہلے لکھے گئے خاکے میں مبارکہ کی رقیق القلبی کا ذکر کر چکا ہوں۔کسی کی شادی ہو ،لڑکی کی رخصتی پر مبارکہ زار و قطار روتیں۔یہ سلسلہ آخر دم تک قائم رہا لیکن ایک بار تو حد ہی ہوگئی۔بڑے بیٹے شعیب کی شادی تھی۔بارات لے کر گئے۔جب دلہن کی رخصتی کا عمل شروع ہوا تو مبارکہ نے بھی حسبِ عادت زار و قطار رونا شروع کر دیا۔شاید یہ عادت انہیں اپنے ابو اور میرے ماموں پروفیسر ناصر احمد صاحب سے ورثہ میں ملی تھی۔رخصتی کا پنجابی کا ایک پرانا گانا ہے:

مدھانیاں!

ہائے او میرے ڈاڈھیا ربا کنہاں جمیاں، کنہاں نے لے جانیاں

یہ گانا جب بھی لگایا جاتا ماموں ناصر کی آنکھیں تر بتر ہو جاتیں۔

مبارکہ کو ہفتہ میں تین دن ڈایلیسز کی مشقت اٹھانے کے ساتھ ''روئے ما'' کی بیماری کا مسئلہ بھی تھا اور دل کی پانچ بار انجیو گرافی ر پلاسٹی بھی ہو چکی تھی۔طبی نکتۂ نگاہ سے وہ ۹۰ فی صد معذور تھیں۔ان کے لیے وہیل چئیر گھر پر موجود تھی۔سانس لینے میں کسی تکلیف کی صورت میں آکسیجن کا سلنڈر بمعہ متعلقہ کیمیکلز ہمہ وقت گھر پر دستیاب تھے۔لیکن مجال ہے مبارکہ نے کبھی اپنی کسی بیماری کو خود پر حاوی ہونے دیا ہو۔کہیں جانا ہو اور وہاں دور تک چلنا ہو تو تب وہیل چئیر گاڑی میں رکھوا لی جاتی تھی ورنہ اس کا کوئی مصرف نہیں تھا۔ڈایلیسز والے تین دن نڈھال ہو جاتی تھیں لیکن چند گھنٹے کے مکمل آرام کے بعد شام تک پھر چوکس ہو کر اٹھ جاتیں اور گھر کے کام کاج میں لگ جاتیں۔ ہفتہ اور اتوار کے دنوں میں کوئی نہ کوئی بچہ دستیاب ہو جاتا اور مبارکہ اسے ساتھ لے کر خریداری کا شوق پورا کر لیتیں۔منگل اور جمعرات کے دن ڈایلیسز سے چھٹی کے دن ہوتے تھے، چنانچہ ان دنوں میں خود ہی اکیلی خریداری کرنے چلی جاتیں۔یہ معمولات اس حقیقت کا اظہار ہیں کہ ۹۰ فی صد معذوری کے باوجود مبارکہ نے خود کو سو فیصد فِٹ اور متحرک رکھا ہوا تھا۔

۱۹۹۷ء سے مبارکہ نے یہاں کمیٹی ڈالنے کا پاکستانی طریق شروع کر رکھا تھا۔یہ کمیٹی بڑھتے بڑھتے بیس ماہ تک پھیل گئی تھی۔۲۰۰۸ء تک تو میں نے اس کمیٹی کے معاملے میں کوئی دلچسپی نہیں لی۔لیکن ۲۰۰۹ء میں جب مبارکہ کی بیماریاں سنگین صورت اختیار کر گئیں تو پھر میں نے انہیں ایک دو بار سمجھایا کہ اپنی صحت پر توجہ دینا ضروری ہے۔کمیٹی بیس مہینوں پر محیط ہے اور اسے سنبھالنا مشکل ہو سکتا ہے۔لیکن مبارکہ نے میرے کسی اشارے کو یا تو سمجھا نہیں یا جان بوجھ کر نظر انداز کر دیا اور مزید مسلسل دس سال تک کمیٹی ڈالنے کا سلسلہ جاری رکھا۔لیکن اس سال مارچ میں جب کمیٹی مکمل ہوئی تو مبارکہ نے مزید کمیٹی ڈالنے سے معذرت کر لی۔کیا مبارکہ کا یہ فیصلہ بھی کوئی اشارا تھا؟ اللہ ہی جانے!

اس ڈیجیٹل دور کے بچوں کے دو قصے بھی بیان کر دوں۔مبارکہ کی تدفین کے دوسرے دن میں نے مبارکہ کے واٹس ایپ سے اپنی طرف قبرستان کا ایڈریس بھیجا اور دونوں چھوٹے پوتوں شایان اور شیراز کو دکھایا کہ دیکھو دادو نے اپنا ایڈریس بھیجا ہے۔شایان اس پر بہت حیران ہوا لیکن شیراز جو شایان سے ایک سال چھوٹا ہے وہ کچھ تذبذب میں پڑ گیا۔اس دوران میں نے چھوٹی بیٹی کو مبارکہ کا موبائل دے دیا اور پھر جیسے مبارکہ سے چیٹ کرنے لگا۔جیسے ہی مبارکہ کی طرف سے جواب لکھنے کا نشان ظاہر ہوا، شایان ایک دم چلایا کہ دادو جواب لکھ رہی ہیں اور پھر مغموم سا ہو کر صوفے پر دھم سے گر گیا اور آنکھوں پر دونوں ہاتھ رکھ لیے۔جبکہ شیراز اَڑ گیا کہ نہیں یہ دادو نہیں لکھ رہیں کوئی اور لکھ رہا ہے۔شایان کی گھبراہٹ اور پریشانی دیکھ کر پھر سب کو بتا دیا کہ واٹس ایپ پر دادو نہیں بلکہ پھوپھو لکھ رہی تھیں۔دادو تو اللہ میاں کے پاس جا چکی

ہیں۔بعد میں شایان نے اپنے پاپا (ٹیپو) سے کہا کہ اگر سچ مچ دادو لکھ رہی ہوتیں تو میں نے سوچ لیا تھا کہ قبرستان میں جا کر قبر کھود کر انہیں نکال لاؤں گا اور یہ کہتے ہوئے وہ رو رہا تھا۔

دوسرا قصہ میری اکلوتی نواسی عنایہ اور نواسے (پروفیسر) ساحل کا ہے۔دونوں کی عمریں سات سال اور چھ سال ہیں۔دونوں مل کر گفتگو کر رہے تھے کہ نانو کا موبائل فون کون لے گا؟۔نانا ابو کے پاس تو پہلے ہی لیپ ٹاپ بھی ہے،ٹیبلٹ بھی ہے اور سفید رنگ کا موبائل فون بھی ہے۔اس پر کچھ غور کرنے کے بعد نواسی نے کہا کہ نانو کا فون تو نانا ابو ہی لیں گے۔اس پر ساحل نے سوال اٹھایا کہ پھر نانا ابو اپنے سفید موبائل فون کا کیا کریں گے۔اپنی تمام تر معصومیت کے باوجود دونوں بچے ہی کہیں یہ چاہ رہے تھے کہ ان میں سے کوئی ایک آدھ موبائل تو ہمیں مل جائے۔

مبارکہ نے مجھے ہمیشہ محبت اور احترام کے ساتھ مخاطب کیا ہے۔لیکن کبھی کبھی بے تکلف بھی ہو جایا کرتی تھیں۔محبت،احترام اور بے تکلفی کا یہ ادلتا بدلتا رویہ شروع سے ہی رہا ہے۔

شروع شروع میں جب بیٹے بھی گھر میں موجود ہوتے تھے تو میں سمجھ نہیں پاتا تھا کہ بیٹے سے مخاطب ہیں یا مجھ سے۔ایک بار تو مبارکہ کی آواز پر میں نے اور ایک بیٹے نے ایک ساتھ ہی جواب دیا تو معلوم ہوا کہ میری ہی طلبی ہوئی ہے تب مجھے کہنا پڑا کہ مبارکہ بیگم! بے شک ایسے ہی بلائیں مگر اتنا فرق واضح کر لیا کریں کہ اندازہ ہو جائے کہ خاوند کو بلایا ہے یا بیٹے کو۔مبارکہ کا انداز تو وہی رہا،میں نے ہی اپنی ذہانت سے باپ یا بیٹا کے لطیف فرق کا اندازہ کر لیا اور پھر مجھے یہ الجھن نہ رہی کہ کس کی طلبی ہوئی ہے۔

قرآن شریف میں میاں بیوی کو ایک دوسرے کا لباس کہا گیا ہے۔زندگی بھر مبارکہ میرے لیے لباس بھی تھیں اور فل اوورکوٹ بھی۔لیکن گزشتہ چند برسوں سے ان کا طرزِ عمل ایسا تھا کہ جیسے وہ جان بوجھ کر میرے پائے جامہ کو ہلکا سا نیچے کی طرف کھینچتی ہوں۔میں عجلت میں نیفے کو مضبوطی سے پکڑتے ہوئے انہیں سمجھاتا کہ آجکل کے پائے جاموں میں ناڑا نہیں ہوتا،الاسٹک ہوتا ہے۔لیکن مبارکہ شرارتی موڈ میں مسکراتے ہوئے پھر بھی ہلکا سا جھٹکا دے دیتیں۔مقصد ''تراہ نکالنا'' نہیں تھا بلکہ صرف مجھے الرٹ رکھنا ہوتا تھا کہ میں اب دل کا مریض ہوں اور مجھے اب ہر طرح احتیاط کرنی چاہئے۔

ہمارے رشتے کو ختم کرانے کی کوشش کرنے والے ہر دور میں متحرک رہے اور ہر دور میں ناکام و نامراد رہے۔واضح ناکامیوں کے باوجود طاقت کے گھمنڈ میں بعضوں نے تو اپنی ریشہ دوانیوں کا سلسلہ مرتے دم تک جاری رکھا لیکن ایسے لوگوں کا انجام بھی ہم دونوں میاں بیوی نے مل کر دیکھا۔طاقت اور دولت کے باوجود ایک بیٹی نے دو شادیاں کیں،دونوں ناکام،ایک نے تین شادیاں کیں اور تینوں ناکام۔۔۔مبارکہ تو ایسی خبروں پر مغموم اور ملول ہو جاتیں اور توبہ استغفار کرتیں لیکن سچی بات ہے مجھے بچیوں سے ہمدردی کے باوجود طاقت کے گھمنڈ کو خاک میں ملتے دیکھ کر ہمیشہ خوشی ہوتی۔

فاعتبرو یا اولی الابصار

اس میں کوئی شک نہیں کہ اللہ کے فضل وکرم اور ماں باپ کی دعاؤں کے بعد میری ساری طاقت، میری ساری کامیابیاں مبارکہ کے دَم سے تھیں۔ میں زندگی میں انہیں اتنی خوشیاں نہیں دے سکا جتنا انہوں نے میری وجہ سے دکھ اُٹھائے ہیں۔ ان دکھوں سے وہ کبھی کبھی اداس ضرور ہوتی رہیں لیکن مجھ سے کبھی شکوہ نہیں کیا۔ بس دعا اور بہادری کے ساتھ مصائب کا سامنا کرتی رہیں اور ہمیشہ میری ڈھال بنی رہیں۔ کوئی ایسی ڈھال کا تصور کرسکتا ہے کہ بیوی اپنے شوہر کے لیے ۱۹۸۷ء سے ۲۰۱۹ء تک ہر جمعہ کو ایک ہی خاص دعا کررہی ہے اور ۲۰۱۵ء سے پہلے کسی کو اس کی بھنک تک نہیں پڑتی۔ ہے دنیا میں کوئی اور ایسی بیوی؟

دس سال پہلے ۲۰۰۹ء میں، میں نے ''کھٹی میٹھی یادیں'' کے باب ''لبیک اللھم لبیک'' میں لکھا تھا:

''فروری والی بیماری کے دوران میں نے اسے بڑے رسان سے کہا تھا کہ مبارکہ بیگم! آپ زیادہ فکر مت کریں، میں پہلے چلا گیا تو جاتے ہی آپ کو بلوالوں گا۔ آپ پہلے چلی گئیں تو میں بھی زیادہ دیر یہاں نہیں رہوں گا، آپ کے پیچھے پیچھے ہی چلا آؤں گا۔''

میں اپنے وعدے پر قائم ہوں بس اللہ میاں سے دعا ہے کہ مجھے اتنی مہلت ضرور دے دیں کہ

''پسلی کی ٹیڑھ'' کا یہ دوسرا حصہ لکھنے کے بعد کتاب ''حیاتِ مبارکہ حیدر'' کو مکمل کر کے چھپوالوں۔

کیونکہ یہ میرا تعمیر کردہ ''قلمی تاج محل'' ہے۔ میں اپنی استطاعت اور توفیق کے مطابق یہی کچھ کرسکتا تھا سو کررہا ہوں۔ پھر جو اللہ کی مرضی ۔۔۔۔ میری طرف سے کوئی انکار نہیں ہے۔

میرا آخری وقت جب بھی آئے، اللہ کی مرضی ہے لیکن مجھے معلوم ہے کہ میرے آخری وقت میں مجھے کسی کے بے تکلفانہ پکارنے کی کوئی جانی پہچانی سی آواز سنائی دے گی، یہ واضح نہیں ہوگا کہ پکارنے والی شوہر کو پکاررہی ہیں یا بیٹے کو۔

یہ پکارنے والی مبارکہ بھی ہوسکتی ہیں، میری امی بھی ہوسکتی ہیں اور ہوسکتا ہے کہ جب دوسری دنیا میں پہنچوں تو معلوم ہو کہ امی اور مبارکہ دونوں نے مل کر مجھے پکارا تھا اور دونوں ہی میرے آنے کی منتظر تھیں!

☆☆☆

کھٹی میٹھی یادیں

(بزمِ جاں)

''میری محبتیں'' کی اشاعت سے پہلے ہی مجھے احساس تھا کہ اس میں شامل بعض شخصیات ایسی تھیں کہ ان پر مزید لکھا جانا چاہئے تھا۔بعض لوگ جن کا بیچ بیچ میں کہیں برسبیلِ تذکرہ نام آ گیا ہے'ان کی زندگی کے بعض خوبصورت انسانی رُخ بھی سامنے آنے چاہئیں تھے۔ بہت سارے عزیز اور احباب ایسے ہیں جن کا پورا خاکہ نہیں لکھا جاسکتا لیکن ان کے ذکر کے بغیر میری زندگی کی رُوداد بھی ادھوری رہے گی اور میری محبتیں بھی۔مزید خاکہ نگاری تو جب بھی ہوئی اپنے وقت پر ہوگی۔فی الوقت میں اپنی زندگی۔۔۔گزاری ہوئی زندگی کی طرف تو پلٹ کر دیکھ سکتا ہوں۔اپنے بہت سارے پیاروں' رشتہ داروں' دوستوں اور ''کرم فرماؤں'' سے تجدیدِ ملاقات تو کرسکتا ہوں۔سو بکھری ہوئی یادوں کو جمع کرنے کی کوشش کرتا ہوں۔

جرمنی پہنچنے کے بعد بچپن میں امّی جی سے سنی ہوئی کئی کہانیاں یاد آئیں۔مبارکہ جس کی سادگی کا میں پاکستان میں مذاق اڑایا کرتا تھا' جرمنی میں اب اس کے سامنے میں ایک پاکستانی ''پینڈو'' تھا۔ مبارکہ بچوں سمیت مجھ سے اڑھائی سال پہلے جرمنی میں آ چکی تھی اس لئے یہ ملک اس کے لئے اجنبی نہیں رہا تھا جبکہ میں ''کثرتِ نظّارہ'' سے ایسے رُک رُک جاتا تھا جیسے شہر کے چوراہے پر ''گواچی گاں'' کھڑی ہوتی ہے۔پہلی بار ایک مارکیٹ میں داخل ہونا تھا۔میں دروازے کے قریب پہنچا تو آٹومیٹک دروازہ اپنے آپ کھل گیا اور میرا منہ حیرت سے کھل گیا۔امی جی سے سنی ہوئی ''علی بابا اور چالیس چور'' والی کہانی یاد آ گئی۔اُس کہانی میں ''کھل جا سم سم'' کہنے سے دروازہ کھلتا تھا۔یہاں تو مجھے ''کھل جا سم سم'' کہنے کی ضرورت ہی نہیں پیش آئی۔دروازہ اپنے آپ کھل گیا۔زمین دوز ریلوے اسٹیشنوں میں' مارکیٹوں میں' اُوپر نیچے آنے جانے کے لئے خودکار سیڑھیاں لگی ہوئی ہیں۔میں نے پہلی بار جھجک کے ساتھ بجلی کی سیڑھی پر قدم رکھا' ہلکا سا چکر آیا۔میں نے لحظہ بھر کے لئے آنکھیں موند لیں' جیسے ہی آنکھیں کھولیں' اُوپر کی منزل پر پہنچ چکا تھا۔کسی اناڑی کی طرح سیڑھی کی حد سے باہر آیا تو امی جی کی سنائی ہوئی کئی کہانیاں یاد آنے لگیں۔کہیں کوئی نیک دل دیو ہے' کہیں سبز پری اور کہیں کوئی درویش ہے جو مہم جُو شہزادے کو کسی لمبی مسافت کی کوفت سے بچانے کے لئے'اس کی مدد کرتے ہوئے اُسے آنکھیں مُوندنے کے لئے کہتے ہیں' پھر جب شہزادہ آنکھیں کھولتا ہے تو منزلِ مقصود پر پہنچا ہوتا ہے۔میں اُوپری منزل پر پہنچا تو میرے ساتھ نہ کوئی نیک دل دیو تھا' نہ کوئی درویش اور نہ ہی کوئی سبز پری۔صرف مبارکہ میرے ساتھ تھی۔اس نے اگر سبز سوٹ پہنا بھی ہوا تھا تو وہ اس کے برقعہ کے کوٹ کے نیچے چھپا ہوا تھا۔اس کے باوجود میں نے

مبارکہ کو من ہی من میں سبز پری سمجھا اور خود کو شہزادہ گلفام سمجھ کر خوش ہولیا۔

یہاں کے گھروں میں کھڑکیوں کا شیشہ ایسا ہے کہ آپ اندر بیٹھے ہوئے باہر کی ہر چیز کو دیکھ سکتے ہیں جبکہ باہر کھڑا ہوا کوئی آدمی آپ کو بالکل نہیں دیکھ سکتا۔ جب مجھے پہلے پہل اس کا علم ہوا دھیان فوراً سلیمانی ٹوپی والی کہانی کی طرف چلا گیا۔ مجھے ایسے لگنے لگا جیسے میں امی جی کی سُنائی ہوئی ڈھیر ساری کہانیوں کا جیتا جاگتا کردار بن گیا ہوں۔ ساری کہانیاں جیسے اپنے آپ کو میرے وجود میں دُہرانے لگی ہیں۔ کاش! امی جی زندہ ہوتیں اور میں انہیں اُن کی سنائی ہوئی کہانیوں کا حقیقی رُوپ دکھا سکتا۔ اب تو وہ خود ہی کہانی بن گئی ہیں۔

اپنے ہاں تو غالبؔ اُس چار گرہ کپڑے کا افسوس کرتے رہے جس کی قسمت میں عاشق کا گریباں ہونا لکھا ہوتا ہے۔ اِدھر مغرب میں اُس تین گرہ کپڑے کی قسمت پر رشک آتا ہے جو گرمیوں میں حسینانِ مغرب نے زیب تن کر رکھا ہوتا ہے۔ ایک طرف ایسا تو بہ شکن منظر ہوتا ہے، دوسری طرف برقعہ میں لپٹی لپٹائی مبارکہ بیگم۔ میں نے اسے کئی بار سمجھایا ہے، پردہ کا مطلب خود کو دوسروں کی نظروں سے محفوظ رکھنا ہوتا ہے۔ پاکستان میں تو چلو ٹھیک ہے لیکن یہاں جرمنی میں اس قسم کا برقعہ تو پردے کے تقاضے پورے کرنے کی بجائے ہر کسی کو متجسّس کر دیتا ہے کہ یہ کیا شے جا رہی ہے؟ میں نے دو تین دفعہ اسے تجربہ کرایا کہ عام آنے جانے والی گوریوں کی طرف کوئی آنکھ اُٹھا کر بھی نہیں دیکھتا لیکن مبارکہ کے بھاری بھرکم پردے کی وجہ سے ہر گزرنے والا ہمیں تعجب سے دیکھتا ہے اور ضرور دیکھتا ہے۔ یوں مبارکہ کی بے پردگی ہو نہ ہو میری اچھی خاصی بے پردگی ہو جاتی ہے۔ لیکن اس پر میری کسی بات کا اثر نہیں ہوتا۔

ایبٹ آباد میں قیام کے دوران طاہر احمد کے بعد ایک اور صاحب سے میری گہری دوستی تھی۔ یہ سرگودھا کے مسعود انور تھے۔ ڈاکٹر انور سدید کے صاحبزادے۔ ان کے ساتھ انور سدید صاحب والی نسبت سے تو دوستی تھی ہی، لیکن ہماری ایک حد تک ہم عمری بھی اس کے استحکام کا باعث بنی۔ ادب اور سیاست کی تازہ صورتحال پر ہم کھل کر گفتگو کرتے تھے۔ موسیقی سے مسعود انور کو خاصا لگاؤ تھا۔ انہوں نے آڈیو اور ویڈیو کیسٹوں کا نایاب ذخیرہ جمع کر رکھا تھا۔ کسی لائبریری کی کتابوں کی طرح انہیں ترتیب سے رکھا تھا۔ امید ہے ابھی تک اُن کا شوق سلامت ہوگا۔ اُن دنوں وہ ذاتی طور پر ویڈیو کیسٹس میں ادیبوں کے انٹرویوز ریکارڈ کرنے کا منصوبہ بنا رہے تھے۔ خدا جانے وہ منصوبہ کہاں تک پہنچا۔ ہمارے درمیان اتنی بے تکلفی تھی کہ ہم ایک دوسرے کا مذاق اڑا لیتے تھے لیکن ایک دن مسعود نے ایک بات اتنی سنجیدگی اور عقیدت سے کہی کہ ہمیں بھی سنجیدہ ہونا پڑا۔

انہیں کسی زمانے میں سوتے وقت سینے پر بوجھ اور گھبراہٹ کی شکایت ہو جاتی تھی۔ معدے کی خرابی، سینے کی جلن اور دیگر امکانی بیماریوں کے سارے علاج کرا لئے، کوئی افاقہ نہیں ہوا۔ اس دوران ان کی ایک پیر سائیں سے ملاقات ہوئی تو انہوں نے مسعود کو ہدایت کی کہ گھر کے کمروں کی دیواروں سے ساری

تصویریں اتار دیں کیونکہ تصویروں کی اصل رُوحیں رات کو آپ کے سینے پر چلتی ہیں۔مسعود نے ایسا ہی کیا اور حیرت انگیز طور پر صحت یاب ہو گئے۔ہوسکتا ہے یہ پیر سائیں کا فیضانِ نظر ہو اور یہ بھی ہوسکتا ہے کہ نفسیاتی اثر ہوا ہو۔نتیجہ بہر حال اچھا رہا۔تب مجھے بھی اُن پیر سائیں سے ملنے کی خواہش ہوئی' لیکن رابطہ ہونے سے پہلے مجھے وطنِ عزیز کو خیر باد کہنا پڑ گیا۔اس قصہ کو سننے کے بعد ایک دن میں اور طاہر شاپنگ کرنے گئے۔وہاں طاہر بڑے شوق سے ریکھا' سری دیوی' مادھوری اور دوسری مقبول فلمی اداکاراؤں کے پوسٹرز کی قیمتیں معلوم کرنے لگا۔میں نے حیرانی سے اس کا سبب پوچھا' کیونکہ طاہر کو فلمیریا کی کوئی شکایت نہیں تھی۔سنجیدگی سے کہنے لگا میں چاہتا ہوں راتوں کو ان سب کی رُوحیں میرے سینے پر چلتی رہیں کیونکہ رُوح کا ملن' جسم کے ملن سے زیادہ اہم ہے۔اس لئے ان کے پوسٹرز اپنے کمرے میں لگاؤں گا۔

ایبٹ آباد میں ہمارے کالج کے بعض اساتذہ ''مریضانِ محبت'' بنے ہوئے تھے۔ایک دفعہ یونہی اُوٹ پٹانگ باتیں ہو رہی تھیں۔میں نے ان سے کہا کہ خواہش کی شدت خواب کا رُوپ دھار لیتی ہے۔اگر کبھی کسی کو خواب میں اپنی کوئی پسندیدہ شخصیت کسی من پسند حالت میں دکھائی دے تو بیدار ہونے پر بستر کی پائینتی کی طرف سر کر کے سو جائیں۔اُسی رات آپکی وہ پسندیدہ شخصیت اپنی نیند میں وہی خواب عین اُسی حالت میں دیکھ لے گی۔''مریضانِ محبت'' نے اس فارمولے پر تھوڑی سی بے یقینی اور زیادہ خوشی اور حیرت کا اظہار کیا۔اگلے دن دونوجوان اساتذہ ڈیوٹی پر آئے تو اُن کی آنکھیں سُرخ اور طبیعت بوجھل بوجھل سی تھی۔ملتے ہی کہنے لگے یار قریشی صاحب! ہم تو ساری رات پائینتیاں ہی بدلتے رہے ہیں۔

خواب کی اس مزاحیہ بات سے اپنی زندگی کے دو واقعات یاد آ گئے۔سنجیدہ اور حیران کُن۔خانپور میں شوگر ملز کی ملازمت کے دوران ایک دفعہ میری شام ٦ بجے سے رات ٢ بجے تک والی شفٹ تھی۔گھر سے چلا تو ہلکے سے ٹمپریچر کا احساس ہو رہا تھا' فیکٹری پہنچنے تک بخار ہو گیا۔میں نے ساتھیوں کو اپنا کام سونپا اور خود لیبارٹری کے ڈارک رُوم میں جا کر لیٹ گیا۔فرش پر فلٹر کلاتھ کا ایک ٹکڑا بچھا ہوا تھا' ایک اینٹ کا تکیہ بنالیا لیکن اُوپر لینے کے لئے کوئی کپڑا نہیں تھا۔بخار کی وجہ سے ٹھنڈ بھی لگ رہی تھی۔میں اپنے آپ میں سمٹ کر ٹھنڈ سے بچنے کی ناکام کوشش کر رہا تھا۔اسی دوران بخار کی غنودگی کی حالت میں ایسے لگا جیسے کسی نے آ کر گرم رضائی میرے اُوپر ڈال دی ہو۔کسی کے آنے' اپنے اُوپر رضائی ڈالے جانے اور پھر اس رضائی کو اپنے دائیں' بائیں اچھی طرح لپیٹنے کا عمل مجھے صاف صاف محسوس ہوا تھا۔پھر مجھے گہری نیند آ گئی۔رضائی کی گرمائش سے کھل کر پسینہ آیا۔

چھٹی کے پہلے سائرن کے ساتھ میری آنکھ کھلی تو مجھے محسوس ہوا بخار اُتر چکا ہے۔میں نے رضائی کو اپنے اُوپر سے ہٹا کر اُٹھنا چاہا۔لیکن میرے اُوپر تو کوئی رضائی نہیں تھی۔پھر یہ سب کیا تھا؟۔۔۔۔میں نے اباجی کو یہ بات بتائی تو انہوں نے کہا ایسے واقعات کو کسی کے آگے بیان نہیں کرنا چاہئے ورنہ انسان ایسے تجربات کی لذّت سے محروم کر دیا جاتا ہے۔(اباجی کی وفات کے بعد اباجی کے تعلق سے ایک تجربے

کے بعد مجھے ابا جی نے بھی ایسی ہی نصیحت کی تھی۔لیکن شاید مجھ میں اخفاء کی برداشت کی قوت نہیں ہے)۔

لگ بھگ بیس سال کے بعد یہاں جرمنی میں پھر ایک انوکھا واقعہ ہوا۔ مجھے انفیکشن کی شکایت تھی۔ ایک ہفتہ گزر گیا لیکن سستی کے مارے اپنے فیملی ڈاکٹر Herr Ehrhardt کے پاس نہیں جا سکا۔جب گلا بالکل بیٹھ گیا تب ڈاکٹر کے پاس جانا پڑا۔ڈاکٹر پہلے تو اس بات پر ناراض ہوا کہ میں اتنی دیر کر کے کیوں آیا ہوں جب حالت اتنی بگڑ گئی ہے۔اب اسے کیا بتاتا کہ یہی تو ہمارے پاکستانی ہونے کا ثبوت ہے۔ جب تک پانی ہمارے گلے تک نہ آجائے ہمیں بے فکری رہتی ہے۔بہرحال ڈاکٹر نے صبح، دوپہر، شام تینوں وقت بلا ناغہ سات دن تک کھانے کے لئے گولیاں دیں اور سخت تاکید کی کہ سات دنوں میں ایک وقت کا بھی ناغہ نہیں کرنا۔لیکن ہوا یوں کہ اسی دن میرے ماموں زاد مبشر اور ان کی بیگم ہمیں لینے کے لئے آگئے۔وہ ہمبرگ سائڈ کو چھوڑ کر ہمارے قریب ایک شہر لمبرگ میں نئے نئے آئے تھے۔ان کے مکان کی سیٹنگ کرنی تھی۔اسی کام کے لئے غزالہ اور اجمل بھی آگئے تھے۔میں صبح کی گولی کھا چکا تھا۔دوپہر کی گولی بھی کھالی۔کام نمٹانے کے بعد غزالہ اور اجمل اپنے گھر چلے گئے۔مبارکہ اور میں وہیں رہ پڑے۔ دن بھر کی تھکن کے باعث مجھے سخت نیند آرہی تھی۔اسی حالت میں بار بار یہ احساس ستا رہا تھا کہ پہلے ہی دن گولی کا ناغہ نہ ہو جائے اسے کھا کر ہی سونا چاہئے۔لیکن تھکن اتنی زیادہ تھی کہ میں سوچتا ہی رہ گیا اور نیند نے مجھ پر غلبہ پالیا۔پھر میں نے نیند میں ہی محسوس کیا کہ وہی انفیکشن کے علاج والی ایک موٹی سی گولی کسی نے میرے منہ میں ڈال دی ہے۔میں پانی کے بغیر اسے نگلنے کی کوشش کر رہا ہوں اور بالآخر نگل گیا ہوں۔

صبح بیدار ہوا تو ایسے لگتا تھا میرے ساتھ کوئی پُر اسرار واقعہ ہو گیا ہے۔مجھے یقین تھا کہ میری گولیوں کے پیکٹ میں سے لازماً ایک گولی کم ہو چکی ہوگی۔میں نے دھڑکتے دل کے ساتھ گولیوں کو چیک کیا‘ گولیاں جُوں کی تُوں موجود تھیں‘ان میں کوئی کمی نہیں ہوئی تھی۔لیکن یکایک مجھے احساس ہوا کہ ڈاکٹر نے جس بیٹھے ہوئے گلے کے ٹھیک ہونے کے لئے سات دن کی دوا دی تھی اور ایک وقت کا ناغہ بھی نہ کرنے کی تاکید کی تھی‘ وہ گلا بالکل ٹھیک ہو چکا تھا۔تب میں نے خوشی کے مارے مبارکہ کو زور زور سے پکارنا شروع کر دیا۔جب وہ آئی تو اسے رات کے خواب جیسے تجربے سے آگاہ کیا۔جب سارا قصہ سنا چکا تب مجھے ابا جی کی نصیحت یاد آئی لیکن تیر تو کمان سے نکل چکا تھا اور پھر مجھے ابا جی بہت یاد آئے۔ہوسکتا ہے خواہش کی شدت خواب میں کسی نفسیاتی طریقے سے علاج بھی کر دیتی ہو۔ایسا ہے تو تب بھی یہ ایک سائنسی بھید ہے۔ ویسے تو خدا ہی بہتر جانتا ہے کہ یہ کیا بھید ہے لیکن ان دو تجربات سے یہ فائدہ ہوا کہ مجھے اپنی کہانی ''بھید'' لکھنے کی تحریک ہوئی۔

میرا چھوٹا بھائی اکبر کراچی میں سیٹ ہونے کی کوشش کر رہا تھا۔وہیں ماموں کوثر پہلے سے سیٹ تھے۔ان کا بیٹا شکور باجوہ اکبر کا ہم عمر تھا اور دوست بھی۔سانگلہ ہل میں مقیم میری ماموں زاد آپا حلیمہ کا بڑا بیٹا محمود رشتے میں ہمارا بھانجہ ہے۔اکبر اور شکور کے ایج گروپ میں ہونے کے باعث ان کا بھانجہ کم اور

دوست زیادہ تھا۔اپنی خوش مزاجی کی وجہ سے عمروں کے واضح فرق کے باوجود میرے ساتھ بھی بے تکلفی کر جاتا تھا۔محمود تلاش معاش کے سلسلے میں کراچی پہنچا تو تین خوش مزاج نوجوانوں کی مثلث بن گئی۔ جہاں یہ تینوں پہنچتے' شیطان بھی ان سے پناہ مانگتا۔شکور کی گپ بازی' اکبر کا پُر لطف طنز اور محمود کی جُگت بازی' ۔۔یوں سمجھیں معین اختر' عمر شریف اور امان اللہ خان تینوں کامیڈین ایک ساتھ آ گئے ہیں۔تینوں مل کر اچھے اچھوں کے چھکے چھڑا دیتے۔ایک دوسرے سے بھی ہاتھ کر لیتے تھے۔اکبر گھر پر نہیں تھا۔محمود نے آ کر اکبر کی بیوی زاہدہ سے کہا کہ ماموں حیدر کے دوست اظہر ادیب خانپور سے آئے ہیں۔اکبر سے ملنا چاہتے ہیں۔زاہدہ نے کہا اکبر تو دیر سے آئیں گے۔تم انہیں بیٹھک میں بٹھاؤ' میں کھانے پینے کو کچھ بھجواتی ہوں۔محمود خود ہی اظہر ادیب بن کر بیٹھک میں بیٹھ گیا۔پھر اُٹھ کر ریفریشمنٹ لے کر آیا اور خود ہی کھا پی گیا۔اس کے بعد زاہدہ کو آ کر بتایا کہ وہ ذرا جلدی میں ہیں اس لئے اب جانا چاہتے ہیں۔شاید پھر کبھی چکر لگائیں لیکن وہ پھر کبھی چکر نہ لگا سکے کیونکہ تھوڑی دیر بعد محمود نے خود ہی اصل بات بتا دی۔

فی الوقت مجھے ان تینوں کے جو کارنامے یاد آ رہے ہیں' انہیں خوفِ فسادِ خلق سے ناگفتہ ہی رہنے دینا چاہتا ہوں۔تینوں پاکستانی نوجوان بے روزگار تھے۔تینوں ترکِ وطن پر مجبور ہوئے۔اکبر لندن چلا گیا' شکور جرمنی آ گیا اور محمود امریکہ پہنچ گیا۔اس کے باوجود بھانڈوں کا یہ گروپ ایک دوسرے سے جُڑا ہوا تھا۔زندگی کی مزاحیہ فلم کے ان تین مرکزی کرداروں کے ساتھ ایک اور کامیڈی کردار ذکیہ کا ہے۔ذکیہ میری ماموں زاد بہن ہے۔دس سال پہلے ٹُن ٹُن (اوما دیوی) جیسی لگتی تھی' چہرہ عابدہ پروین جیسا۔اب تو ضخامت میں بہت ترقی کر گئی ہے۔تکلیف دہ موٹاپے کے باوجود اس کی خوش مزاجی اور زندہ دلی سلامت تھی۔یہاں ''تھی'' کا لفظ میں نے سوچ سمجھ کر لکھا ہے۔۱۹۹۶ء میں شکور ۳۹ سال کی عمر میں فوت ہو گیا تو زندگی کی مزاحیہ فلم المیہ سے دوچار ہو گئی۔ ہر دَم خوش رہنے اور ہنسنے' ہنسانے والوں کو چُپ سی لگ گئی۔

جرمنی میں مقیم ہونے کے باعث شکور کا ہم سے گہرا رابطہ تھا۔ہمبرگ سے کسی نہ کسی بہانے ہر مہینے فرینکفرٹ کا چکر لگا جاتا تھا۔اس کا قیام ہمیشہ ہمارے گھر میں رہا۔حالانکہ بھابی رعنا کے بہن بھائی بھی اِدھر ہی رہتے ہیں اور ہمارے اپنے دو کزنز بھی قریب ہی رہتے ہیں لیکن شکور فیملی ہمیشہ ہمارے گھر میں ہی قیام پذیر ہوتی۔ان کے چاروں بچے ہمارے ہاں آنے کے بعد کہیں اور جانے کا نام نہیں لیتے تھے۔شکور کے مزید ذکر سے پہلے ایک ہلکا سا دلچسپ واقعہ یاد آ گیا۔۔۔کراچی میں ماموں صادق کے گھر کے ساتھ والے گھر سے بھی اس قصے کا تعلق بنتا ہے۔

ایک دفعہ میں کراچی گیا' ماموں صادق کے ہاں ٹھہرا تھا۔گرمیوں کے دن تھے لیکن راتیں ٹھنڈی ہو جاتی تھیں۔ میں رات کو بیٹھک میں سویا۔چھت کا پنکھا چل رہا تھا۔آدھی رات کو مجھے ٹھنڈک کا احساس ہونے لگا تو میں نے اُٹھ کر چھت کا پنکھا بند کر دیا اور پھر لیٹ گیا۔ مجھے محسوس ہوا کہ سوئچ آف کرنے کے باوجود پنکھا چل رہا ہے۔بلب جلا کر چیک کرنے کی بجائے میں نے نیچے کی چادر اوپر لے کر گزارہ

کرلیا۔ پھر بھی مجھے رات بھر ٹھنڈ لگتی رہی۔ صبح اُٹھ کر دیکھا تو پنکھا بند تھا۔ ممانی زاہدہ سے پوچھا پنکھا آپ نے بند کیا تھا؟ انہوں نے کہا ''نہیں''۔۔۔میں نے کہا رات تو یہ بند کرنے کے باوجود بند نہیں ہوا تھا پھر اب کیسے بند ہو گیا؟ جبکہ میں رات بھر ٹھٹھرتا رہا ہوں۔ ممانی زاہدہ سارا ماجرا جان گئی تھیں۔ انہوں نے زوردار قہقہہ لگا کر کہا ساتھ والے ہمسایوں کے ملحقہ کمرے کا پنکھا رات بھر چلتا رہا تھا۔ اس کی گڑگڑاہٹ سے تم سمجھتے رہے کہ تمہارے کمرے کا پنکھا چلتا رہا ہے۔ لیکن پھر مجھے ٹھنڈ کیوں لگتی رہی؟ میں نے پوچھا تو ممانی زاہدہ نے پھر ایک زوردار قہقہہ لگایا اور بتایا کہ یہ پہاڑی کے رُخ والی کھڑکی کھلی تھی جس سے ہوا آتی رہی۔ اُسی دن ممانی زاہدہ نے ہمسایوں سے شکایت کی کہ آپ کے پنکھے کی وجہ سے ہمارا بھانجہ ساری رات پالے سے ٹھرتا رہا ہے۔ اس شکایت پر غور کرنے کے بعد ہمسایوں نے مطالبہ کیا کہ چونکہ ہمارے پنکھے سے آپ کے بھانجے کو ہوا محسوس ہوتی رہی ہے اس لئے رات بھر کا بجلی کا بل آپ ادا کریں۔ انہیں ہمسایوں کی چھوٹی بہن رعنا رفعت بعد میں شکور سے شادی کر کے رعنا شکور بنیں۔

ماموں کوثر اور ممانی شمیم نے اس رشتے کی شدید مخالفت کی پھر یکایک ماموں کوثر اس شادی کے لئے راضی ہو گئے۔ میں نے شکور سے پوچھا کہ ماموں کوثر اس رشتے کے لئے یکدم کیسے راضی ہو گئے تھے؟ شکور کہنے لگا: اُس دن گھر میں بہت سارے مہمان آ گئے تھے۔ بستر کم پڑ رہے تھے۔ سو مجھے رات کو ابا جی کے ساتھ ایک ہی چارپائی پر سونا پڑا۔ تب مجھے دن میں بھی رعنا کے خواب نظر آتے تھے، رات کو تو آتے ہی آتے تھے۔ چنانچہ پتہ نہیں کس پل میں، مَیں کس کیفیت سے دوچار تھا جبکہ چارپائی پر تو ساتھ ابا جی سوئے ہوئے تھے۔ اُس رات ابا جی تہجد کے وقت سے بھی پہلے اُٹھ گئے۔ میرے بیدار ہونے پر انہوں نے مجھے بُرا بھلا کہا اور ساتھ ہی رعنا سے شادی کرنے کی اجازت دے دی۔

ماموں کوثر بنیادی طور پر سیلف میڈ انسان ہیں۔ انہوں نے اپنی محنت سے بے شمار کمایا اور شوبازی سے گنوا بھی دیا۔ مجھے یاد ہے ہمارے رحیم یار خاں میں قیام کے زمانے میں رحیم یار خاں آئے تھے۔ یہاں ابا جی سے پیسے مانگنے کی بجائے انہوں نے 'لیور برادرز' میں دیہاڑی والی مزدوری کی۔ تھوڑی سی رقم جوڑی اور تلاشِ رزق میں کراچی جا پہنچے۔ وہاں فٹ پاتھ پر کھڑے ہو کر پینسلیں، قلم وغیرہ فروخت کرنے سے کام کا آغاز کیا۔ خدا کے فضل اور اپنی محنت سے ایک ہوزری کے مالک بن گئے۔ عروج تک پہنچے تو کچھ ان کی ''شوبازی'' کی عادت نے اور کچھ ممانی شمیم کی ''میں'' نے پھر زوال سے ہمکنار کر دیا۔ سب کچھ ختم ہو گیا، پھر سے فٹ پاتھ پر آ گئے لیکن حالات کا مقابلہ کرتے رہے۔ نئے سرے سے محنت کی۔

دوسری بار جب ابھی تگ ودو میں مصروف تھے، میرا کراچی جانا ہوا۔ ایک دن مجھے افسانہ نگار فردوس حیدر کے ہاں جانا تھا، ماموں بھی ساتھ ہو لئے۔ میری پہلی ملاقات تھی لیکن ماموں کوثر نے کچھ سوچے سمجھے بغیر وہاں بھی لمبی لمبی چھوڑنی شروع کر دیں۔ خود کو پی آئی اے کے ایک پراجیکٹ کا کنٹریکٹر ظاہر کیا۔ مجھے خاصی شرمندگی ہو رہی تھی۔ یہ شرمندگی اس وقت اور بڑھ گئی جب فردوس حیدر ہمیں خدا حافظ کہنے کے لئے

باہر تک آ گئیں۔ جب انہوں نے دیکھا کہ پی آئی اے کے اتنے بڑے کنٹریکٹر کے پاس گاڑی نہیں ہے' تب انہوں نے اپنی گاڑی نکال کر گھر تک پہنچا دینے کی پیش کش کی۔ میں تو زمین میں گڑا جا رہا تھا مگر ماموں کوثر کو معمولی سی خفّت بھی محسوس نہیں ہوئی۔ ان کے حوصلے اور جرأت کا میں تب سے معترف ہوں۔ ممانی شمیم کی ''میں'' اور ماموں کوثر کی بے جا ''شوبازی'' کے عیب کو نظر انداز کر دیا جائے تو ان کی یہ خوبی اُبھر آتی ہے کہ وہ سخت محنت اور لگن والے انسان ہیں۔ انہوں نے دوسری بار فٹ پاتھ سے ایک کامیاب فرم قائم کرنے تک کا سفر کر لیا ہے۔ اب تو ان کے پاس سچ مچ گاڑیاں بھی آ گئی ہیں۔ اب جب کبھی کراچی جانا ہوا فردوس حیدر کے ہاں ماموں کوثر کے ساتھ ہی جاؤں گا اور اس بار مجھے خفّت کا سامنا نہیں کرنا پڑے گا کیونکہ اس بار سچ مچ ماموں کوثر کے پاس گاڑی ہوگی۔

شکور کو جب پہلے پہل ہسپتال میں داخل کیا گیا' مَیں' اجمل' شعیب اور عثمان فوراً ہمبرگ پہنچے۔ ہمیں دیکھ کر بہت خوش ہوا۔ بھابی رعنا سے کہنے لگا: دیکھو! بھائی ایسے ہوتے ہیں۔ اس کا اصرار تھا کہ ہم سب عید اُس کے ہاں آ کے کریں۔ میں نے ایک خصوصی پیش کش کے ساتھ اسے کہا کہ آپ سب لوگ عید پر ہمارے ہاں آ جائیں۔ شکور راضی ہو گیا اور اس نے وعدہ کیا کہ عید پر ضرور آؤں گا۔

جب ہم واپس آنے لگے' شکور نے مجھے اکیلے کو روک لیا۔ کچھ گھریلو باتوں کے علاوہ اس نے ایک دُکھ کا اظہار کیا۔ کہنے لگا: میں ستمبر (۱۹۹۵ء) میں پاکستان جا کر والدین سے مل کر آیا ہوں۔ ابھی اُس سفر کے قرضے نہیں اترے۔ اس غیر حاضری کی وجہ سے نوکری بھی جاتی رہی۔ جنوری (۱۹۹۶ء) میں چھوٹی بہن کی شادی پر جانا میرے لئے ممکن نہیں تھا تب سے ابا جی (ماموں کوثر) سخت ناراض ہیں۔ جب بھی میں نے ٹیلی فون کیا ہے میری آواز سنتے ہی ٹیلی فون بند کر دیتے ہیں۔ یہ بات بتاتے ہوئے اس کے اندر کا سارا کرب اس کی آواز اور اس کی آنکھوں سے عیاں تھا۔ میرے ساتھ اس ملاقات کے بعد بھابی رعنا کی اس سے ایک بار ملاقات ہوئی اور پھر وہ آپریشن رُوم میں چلا گیا۔ جگر کی تبدیلی کا آپریشن تھا۔ نازک صورتحال تھی۔ جرمنی میں مقیم سارے عزیز ہمبرگ پہنچنے لگے۔ مبارکہ' رضوانہ' حفیظ' شعیب' عثمان' ٹیپو' اویس' غزالہ' اجمل' مبشر' بھابی نوشی' عارفہ' منان' سب مضطرب تھے۔ بھابی رعنا کی حالت تو ناقابلِ بیان تھی۔ دھڑکتے دلوں کے ساتھ دعائیں ہو رہی تھیں۔ لیکن کوئی دعا کارگر نہ ہوئی۔ شکور فوت ہو گیا۔ اس کی میّت پاکستان بھجوانے کا انتظام کیا جانے لگا۔ اس سلسلے میں اللہ تعالیٰ اجمل کو جزائے خیر دے جس کی ہمت اور تگ و دو کے نتیجہ میں میّت کو پاکستان بھجوانے کا انتظام ہو سکا۔

عید سے ایک دن پہلے شکور کی میّت ہمبرگ سے فرینکفرٹ پہنچی۔

زندگی بھر گپیں ہانکنے والا میرا کزن مرنے کے بعد وعدے کا اتنا پکا نکلے گا۔

یہ میرے وہم و گمان میں بھی نہیں تھا۔ ☆

کھٹی میٹھی یادیں

(ابتدائی ادبی زمانہ)

یادوں کے خزینے میں
خانپور اپنا تو
آباد ہے سینے میں

اُردو میں الفاظ کے استعمال کے حوالے سے دیکھیں تو خانپور کا تلفظ ''خان پُور'' بنتا ہے۔خانپور سے تعلق رکھنے والے لیکن بنیادی طور پر لکھنو کے تربیت یافتہ ہمارے ایک قدیم شاعر محسن خانپوری نے خانپور کا ذکر اپنے ایک شعر میں یوں کیا تھا۔۔۔

نہیں ہے قدرتِ حق سے بعید کچھ محسنؔ
کہ لے ہی جائے وہ ساون میں خانپور مجھے

لیکن میری زبان پر ہمیشہ سرائیکی تلفظ والا ''خان پُر'' ہی آتا ہے۔اگر اسے ایسے ادا نہ کروں تو ایسے لگتا ہے جیسے یہ میرا خانپور نہیں بلکہ لکھنو کا کوئی مضافاتی خانپور ہے۔سو میرا خانپور لکھنے میں بھلے ''خان پور'' لکھا جائے لیکن اپنی ادائیگی میں ہمیشہ ''خان پُر'' ہوتا ہے۔میری شاعری میں خانپور اسی سرائیکی تلفظ کے ساتھ ہی آیا ہے۔مجھے اس بات پر فخر ہے کہ میری ادبی نشو ونما میں خانپور کا اور میری سرائیکی دھرتی کا بہت زیادہ حصہ ہے۔

میری بالکل ابتدائی ادبی تربیت میں میرے خاندان کے تین اہم افراد کا لاشعوری عمل دخل رہا۔ان کا میں اپنی بعض تحریروں میں ہلکا سا ذکر بھی کر چکا ہوں۔ابا جی نے مجھے اسکول جانے سے پہلے جس طرح اردو پڑھنا،لکھنا سکھا دیا تھا وہ میری ادبی تربیت کا پہلا زینہ تھا۔پھر امی جی کا گھر میں دلچسپی لے کر ناول پڑھنا بھی مجھے ادب کے ساتھ جوڑنے کا ایک سبب بنا۔امی جی نے ایک بار ایک طویل دعائیہ پنجابی نظم لکھی تھی۔پھر میرے بچپن ہی میں ماموں حبیب اللہ صادق کا شاعر ہونا۔میں سمجھتا ہوں میرے بچپن کے یہ سارے عوامل میری ادبی تربیت کا سبب بنتے رہے ہیں۔مجھے یاد ہے یہ ۱۹۶۴ء یا ۱۹۶۵ء کا زمانہ تھا۔میں چھٹی ساتویں میں پڑھتا تھا۔ماموں صادق ڈیرہ اسماعیل خاں سے ہمارے ہاں خانپور آئے تھے۔تب شام کے وقت میں نے اور ابا جی نے ان سے ان کی ایک نظم سنی جو ویت نام کے موضوع پر تھی۔اس کا مرکزی مصرعہ میرے ذہن میں یوں رہ گیا ہے۔

زندہ بادا ے ویت نام

ماموں صادق کا ترنم شاعرانہ انداز کا تھا۔ مجھے اپنی وہ حیرت آج بھی یاد ہے جب میں ماموں صادق کی نظم سنتے ہوئے انہیں دیکھ رہا تھا اور اس دیکھنے میں ایک عجیب سی خوشی اور تفاخر کا احساس شامل تھا کہ میرے ایک ماموں شاعر ہیں! ۔اس کا مطلب یہ ہرگز نہیں ہے کہ جس کو اس کے قسم کے حالات مل جائیں وہ شاعر اور ادیب بن جاتا ہے۔ یہ صلاحیت تو خدا کی طرف سے ملتی ہے۔ صلاحیت بیج کی طرح ہوتی ہے اور جب تک اسے مناسب زمین اور موزوں آب وہوا نہ ملے ان کی نشوونما نہیں ہوسکتی۔ میرے پانچوں بچوں میں ایسی خداداد صلاحیت نہیں تھی تو میری ادبی زمین اور آب وہوا کے باوجود ان میں سے کوئی بھی شاعر اور ادیب نہیں بن سکا۔

اپنے گھر والوں کے مذکورہ اثرات سے ابھرتے ہوئے میں نے سب سے پہلی غزل خانپور میں اپنی نویں کلاس کے اختتام تک کہنے کی کوشش کی۔ یہ غزل کیا تھی۔بس تک بندی تھی۔مصرعوں کی روانی میں کہیں نہ کہیں سقم ضرور ہوں گے۔میں نے وہ غزل اس زمانہ میں سب سے چوری چھپے لاہور کے فلمی ماہنامہ ''شمع'' کو اشاعت کے لئے بھیجی۔ چند دنوں ہی میں ''شمع'' کی طرف سے جواب آ گیا کہ آپ کی غزل ناقابلِ اشاعت ہے۔مزید یہ کہ آپ کسی سے اصلاح لیا کریں۔اس وقت دل کی عجیب حالت تھی۔کبھی ''شمع'' رسالہ کے ایڈیٹر پر غصہ آتا اور کبھی اپنے آپ میں شرمندگی محسوس ہوتی۔میں نے اس بات پر خدا کا بے حد شکر ادا کیا کہ گھر والوں کو نہ میرے شاعری کرنے کا علم ہوا اور نہ ہی میری غزل کو ناقابلِ اشاعت قرار دینے والے اس خط کا علم ہوسکا۔(چلو کچھ بھرم رہ گیا)اس غزل کا مقطع اب بھی مجھے یاد ہے۔

نہیں لطف حیدؔر وہ ذکرِ خدا میں
جو ملتا ہے لطف ہم کو ذکرِ صنم میں

اس غزل کے مسترد ہونے کے دو فائدے ہوئے۔ایک تو یہ کہ میں نے پھر چھوٹی موٹی تک بندی کرتے رہنے کے باوجود ایک عرصہ تک کسی رسالے کو غزل بھیجنے کی جرات نہیں کی۔دوسرا فائدہ یہ ہوا کہ میں نے پھر اپنی کسی غزل میں ''صنم'' کا لفظ استعمال نہیں کیا۔''سلگتے خواب'' کی ایک غزل میں ایک بار یہ لفظ از خود آ گیا تو میں نے اسے بھی حذف کر دیا۔

۱۹۶۸ء میں دسویں جماعت پاس کرنے کے بعد میں نے جئی سنز شوگر ملز میں ملازمت کر لی۔اسی دوران میں نے ایک چھوٹا سا ناول لکھا۔ یہ ناول اسکول کی ایک پتلی سی کاپی میں مکمل ہوگیا۔ممکن ہے وہ طویل افسانہ ہولیکن مجھے اس زمانہ میں ناول ہی لگا ہو۔لیکن شاید وہ نہ تو ناول تھا نہ افسانہ۔۔۔وہ تو بس میرے اس وقت کے کچے پکے جذبات اور سماجی ناانصافیوں کے زخموں کی کسک کا اظہار تھا۔نیم رومانی،اور نیم انقلابی قسم کی جیسے میری اپنی ہی کہانی تھی جو میں نے لکھی تھی۔اس کہانی کی ایک ہی خوبی تھی

کہ اس کا واحد قاری میں خود تھا اور قاری بھی ایسا کہ جو اسے مکمل کرتے ہوئے شدتِ جذبات سے آبدیدہ ہوتا رہا اور بعد میں اسے پڑھتے ہوئے غم سے روتا رہا۔ اس ناول کا ہیرو غریب تھا جو ظاہر ہے میں خود تھا اور ہیروئن امیر تھی اور امیر ہونے کے علاوہ بہت خوبصورت بھی تھی۔ ویسے بیک وقت بہت خوبصورت اور بہت امیر ہیروئن مجھے ابھی تک کہیں نہیں ملی۔

شوگر ملز میں ملازمت کرنے کے بعد میری اپنے ایک ہمسایہ حفیظ سوز صاحب سے سلام دعا بڑھ گئی۔ ہمارے گھر کے ساتھ والی گلی میں یہ فیملی آباد تھی۔ حفیظ سوز صاحب فلمی دنیا میں جانے کا شوق رکھتے تھے۔ خانپور کے ماحول میں اور میرے اس وقت کے ذہن کے مطابق وہ شاعری کو جتنا جانتے تھے میرے لئے کافی تھا۔ کالونی مڈل اسکول خانپور کے سامنے محکمہ انہار کے دفاتر تھے۔ وہاں کے کسی افسر کے ایک صاحبزادہ (اب نام یاد نہیں رہا) سے حفیظ سوز کی دوستی تھی۔ چنانچہ ہم تینوں نے مل کر ''ایوان ادب'' نامی ایک ادبی انجمن قائم کی۔ محکمہ انہار کے افسر کے صاحبزادے اس کے سر پرست، حفیظ سوز صدر، میں جنرل سیکریٹری، امین (مینو) خزانچی مقرر ہوئے۔ تاہم اس ادبی انجمن کا کبھی کوئی اجلاس نہ ہو سکا۔ حفیظ سوز نے بھی شوگر ملز میں ملازمت کر لی۔ وہاں سے وہ لاہور چلے گئے اور اداکار قوی کے فلمی ادارہ سے منسلک ہو گئے۔ لیکن کوئی اہم ترقی نہ کر سکے تو پھر ملتان میں کوئی ملازمت کر لی۔

یہ وہ دور تھا جب ابھی میں نے باقاعدہ ادبی دنیا میں قدم نہیں رکھا تھا۔ ۱۹۷۱ء میں، میں نے پہلی باقاعدہ غزل کہی۔ یہ غزل بغیر کسی ردوبدل کے ۱۹۷۲ء کے کسی مہینے میں ہفت روزہ ''لاہور'' میں چھپ گئی۔ بالکل روایتی انداز کی اس غزل کا مطلع یہ تھا ---

عقل نے جتنا مری راہ کو ہموار کیا
اتنا ہی میرے جنوں نے اسے دشوار کیا

اس غزل کے چھپنے کے بعد مجھ میں خود اعتمادی پیدا ہوئی۔ چنانچہ پھر میں باقاعدہ غزلیں کہنے لگا۔

۱۹۷۴ء میں بزمِ فرید خانپور کے ذریعے سے مجھے اپنی زندگی کا پہلا مشاعرہ پڑھنے کا موقعہ ملا اور ہفت روزہ مدینہ بھاولپور میں چھپنے کا سلسلہ بھی شروع ہوا۔ بزمِ فرید کے دوستوں کا تذکرہ میرے خاکوں کے مجموعہ ''میری محبتیں'' میں آ چکا ہے۔ اسی دوران غالباً ۱۹۷۵ء کے وسط میں میرا نذر خلیق سے رابطہ ہوا۔ انہیں میں نے اپنے ایک محلّہ دار کے ساتھ دیکھا۔ وہ محلّہ دار حفیظ سوز کے بھائی عنایت نصرت صاحب تھے جو نصرت شیخ کے نام سے جانے جاتے تھے۔ نصرت شیخ صاحب میرے محلّہ دار تھے، میرے دوست حفیظ سوز کے چھوٹے بھائی تھے، اور ہفت روزہ مدینہ بھاولپور کے نمائندہ بھی تھے۔ جبکہ میں ''مدینہ'' میں بہت باقاعدگی سے لکھنے والا تھا۔ چونکہ میرا میدان شروع سے ہی صحافتی سطح کا نہیں بلکہ ادبی سطح کا تھا (چاہے اس کا لیول کتنا ہی معمولی کیوں نہ رہا ہو) اس لئے کسی اخبار کی نمائندگی نہ میرا مسئلہ تھا نہ مجھے اس سے کوئی غرض تھی۔ نذر خلیق تیرہ سال کا لڑکا تھا۔ نصرت شیخ کی دوستی سے انہیں صحافت کا شوق ہوا۔ مگر نصرت شیخ

ہی ان کی راہ کی رکاوٹ بن گئے۔نذر خلیق نے مجھ سے رابطہ کیا اوراس خواہش کا اظہار کیا کہ وہ لکھنا سیکھنا چاہتے ہیں۔میں نے ان کی حوصلہ افزائی کی اورادب وصحافت سے دلچسپی رکھنے کے ساتھ اپنی تعلیم کولازماً مکمل کرنے کی نصیحت کی۔

تب نذر خلیق محلّہ رحیم آباد میں رہتے تھے اور میں محلّہ خواجگان میں۔لیکن دن میں ہمارا ایک بار ملنا ضروری ہوتا تھا۔کبھی میں نذر خلیق کے گھر جاتا اور وہاں سے پھر ہم میرے محلّہ تک آتے۔کبھی نذر خلیق میرے ہاں آتے اور پھر ہم ان کے محلّہ تک جاتے۔یہ عجیب زمانہ تھا جس میں پیدل چلتے ہوئے تھکن کا احساس ہی نہیں ہوتا تھا۔مجھے یاد ہے پیدل چلتے ہوئے میری رفتار خاصی تیز ہوتی تھی۔نذر خلیق بھی تیز رفتار تھے لیکن جیسے مجھ سے تھوڑا سا پیچھے رہ جاتے تھے۔بعد میں مجھے خانپور سے باہر کے بعض دوستوں سے باقاعدہ سننا پڑا کہ یار!اتنی تیزی اچھی نہیں ہوتی۔اطمینان سے چلتے ہیں۔میں نے خود بھی اپنی اس عادت پرغور کیا تو مجھے احساس ہوا کہ میرے مزاج میں جلد بازی کا عنصر بہت زیادہ ہے۔اسی لئے تیز تیز پیدل چلنے سے لے کرکسی کام میں جت جانے کے بعد اسے نمٹا کرہی دَم لینے تک اسی جلد بازی کے مختلف مظاہر ہیں۔مجھے لگتا ہے کہ میں زندگی کے مختلف کاموں میں جلد بازی کی طرح،موت کے معاملہ میں بھی جلد بازی سے کام لے جاؤں گا۔بقول اقبال ساجد۔۔۔

میں جلد باز تھا میدانِ عشق ہار گیا
جو آخری تھا وہی داؤ پہلے ہار گیا

ویسے مجھے اقبال ساجد جیسا شکست کا کوئی مسئلہ درپیش نہیں ہے کیونکہ عشق میں ہار جیت دونوں ہی بے معنی ہوتی ہیں۔ویسے بھی جس کے لئے موت ''وصلِ یار'' جیسی ہو اس کے لئے تو جلد بازی بھی مفید ہوتی ہے۔بس اتنا ہے کہ موت کے وقت عزرائیل سے اتنا ضرور کہنا چاہوں گا کہ

حضور آہستہ آہستہ، جناب آہستہ آہستہ

ہوسکتا ہے جلد بازی کے نتیجہ میں اتنا کہنے کی نوبت بھی نہ آئے۔خیر یہ ایک الگ موضوع ہے۔بات ہورہی تھی میری تیز رفتاری کی۔

صفدر صدیق رضی،آسی خانپوری اور نردوش ترابی وغیرہ میرے اچھے دوست تھے لیکن ایک مرحلہ پر آکر یہ سارے دوست مجھ سے الگ ہوکر متحد ہوگئے۔جن دنوں میں یہ دوست متحدہ محاذ بنانے کی تیاری کر رہے تھے،انہیں دنوں میں ایک بار میں آسی خانپوری صاحب سے ملنے ان کے مینا بازار والے گھر میں گیا۔وہاں صفدر صدیق رضی بھی آگئے۔کچھ دیر کی گپ شپ کے بعد میں وہاں سے روانہ ہوا۔مینا بازار سے صدر بازار کو پار کرنے کے بعد میں جیٹھہ بھٹہ بازار کی طرف مڑ کر چند قدم ہی آگے گیا تھا کہ پیچھے سے صفدر صدیق رضی اپنی موٹر سائیکل پر پہنچ گئے۔انہوں نے موٹر سائیکل روک کر پہلے حیرت کا اظہار کیا کہ میں پیدل ہوتے ہوئے اتنی جلدی یہاں تک پہنچ گیا ہوں۔تب میں نے طنزیہ مسکراہٹ کے ساتھ بے

ساختہ طور پر انہیں کہا تھا ''رضی صاحب! عقل سے پیدل ہونے اور ویسے پیدل ہونے میں بڑا فرق ہوتا ہے۔اور آپ جانتے ہیں کہ میں صرف ویسے پیدل ہوں''

صفدر صدیق رضی پھیکی مسکراہٹ کے ساتھ بولے: ''چلیں بیٹھیں میں آپ کو ڈراپ کرتا چلوں گا''

رضی صاحب کا باقی ذکر بعد میں یہاں اس سے پہلے زمانے کی بات ہو رہی تھی۔نذر خلیق کے ساتھ دوستی میں چھوٹے بھائی جیسی صورت تھی۔تب ہم لوگ مل کر نہ صرف ہفت روزہ مدینہ میں چھپتے رہے بلکہ ادبی رسالہ ''نئی قدریں'' حیدر آباد میں بھی چھپنے لگے۔بزم فرید سے الگ ہونے کے بعد میں نے نذر خلیق ،اے کے ماجد اور جمیل محسن کے ساتھ مل کر حلقہ ءارباب ذوق خانپور کی بنیاد رکھی۔تب ہی ہم دونوں نے مل کر ''نئی قدریں'' کے ایڈیٹر جناب اختر انصاری اکبر آبادی کو خانپور میں مدعو کیا۔پاپولیشن پلاننگ والوں کے دفتر میں ان کے اعزاز میں تقریب منعقد کی۔یہ دفتر تب پیراڈائز سینما کے ساتھ ماڈل ٹاؤن میں ہوتا تھا۔اختر انصاری اکبر آبادی کے بارے میں ہمارے اہلِ ادب کا رویہ زیادہ تر تمسخرانہ رہا ہے۔ذاتی طور پر میں سمجھتا ہوں کہ ہفت روزہ ''مدینہ'' بھاولپور کے علامہ منظور احمد رحمت کے بعد ادبی جرائد میں میری اوّلین حوصلہ افزائی اختر انصاری اکبر آبادی نے اپنے رسالہ ''نئی قدریں'' میں کی۔اسی لئے میں آج بھی ان کے لئے اپنے دل میں ایک احترام محسوس کرتا ہوں۔

اسی دوران ایک بار میں اور نذر خلیق میرے گھر کے سامنے بیٹھے تھے۔سامنے سڑک پر سے گزرتے ہوئے خواجہ ادریس اور رب نواز قریشی نے ہمیں دیکھا اور ہماری طرف چلے آئے۔میں نے انہیں بیٹھے بیٹھے ہاتھ ملایا اور تشریف رکھنے کو کہا۔خواجہ ادریس کو یہ برا لگا اور انہوں نے تشریف رکھنے کی بجائے مجھے تھپڑ جڑ دیا۔اس واقعہ اور بدمزگی کے بعد نذر خلیق نے ویکلی ''زندگی'' میں اس واقعہ کو درج کرکے میری حمایت میں اور مذکورہ دوستوں کی مذمت میں ایک طویل مکتوب شائع کرایا۔رب نواز قریشی ذاتی طور پر بہت اچھے انسان ہیں۔ہمارے اور ان کے درمیان بہت بڑا طبقاتی فرق تھا اس کے باوجود وہ کئی بار میرے ساتھ برابر ہو کر بیٹھے اور دوستانہ انداز میں ملے۔میری ابتدائی غزلوں کو سن کر انہوں نے ایک دو بار تبدیلی کے معقول مشورے بھی دیئے۔جو مجھے واقعی اچھے لگے۔خواجہ ادریس بھی طبعاً اچھے انسان ہیں۔بس یہ بد قسمت واقعہ ایسے ہونا تھا، ہو گیا۔شاید اس میں کچھ میری بے وقوفی بھی شامل تھی۔اختر انصاری کے بعد ۔اور ایک عرصہ کے بعد جب ڈاکٹر وزیر آغا خانپور تشریف لائے تو میں نے ان کے اعزاز میں بلدیہ خانپور کے جناح ہال میں تقریب کا اہتمام کیا۔تب خواجہ ادریس نے سابقہ تلخی کی ساری تلافی کر دی۔میں نے ان سے کہا کہ آپ اس تقریب کی نظامت کریں۔انہوں نے بڑی صاف گوئی سے مجھے نصیحت کی کہ اتنا بڑا ادیب ہمارے شہر میں آ رہا ہے۔اس تقریب کی نظامت میرے لئے اعزاز ہے لیکن اصلاً یہ آپ کا حق بنتا ہے۔اس حق کو ضائع نہ کریں۔ایسے مواقع بار بار نہیں آتے۔چنانچہ پھر میں نے ہی اس تقریب کی نظامت کی۔خواجہ ادریس نے اس تقریب کو کامیاب بنانے کے لئے ہر ممکن تعاون کیا۔نہ صرف تقریب

میں شرکت کی بلکہ اپنے مخصوص انداز میں ایک زبردست تقریر کی۔اس تقریب میں خانپور کے بیشتر اہم شاعراور ادیب شامل تھے۔نذر خلیق نے بہت سے انتظامی معاملات کو بہتر طور پر سنبھالے رکھا۔

خواجہ ادریس، رب نواز قریشی کا ذکر ہواور انجمن انسداد شعراء خانپور کا ذکر نہ ہو یہ ممکن ہی نہیں ہے۔اس انجمن کا ذکر''میری محبتیں''میں آچکا ہے لیکن یہاں یہ بتانا چاہتا ہوں کہ ایک بار میں بھی ان دوستوں کے ہتھے چڑھ گیا تھا۔میں نہ تو مشاعروں کا شاعر ہوں، نہ مجھے کلام سنانے کا سلیقہ آتا ہے۔ان دوستوں نے اپنے مخصوص انداز کے ساتھ مجھ سے کلام سننا شروع کیا۔پھران سے سنجیدہ گفتگو ہوئی تو کہنے لگے ہم صرف متشاعروں کا خاتمہ چاہتے ہیں۔اچھے شاعروں کی ہم قدر کرتے ہیں۔خورشید احمد ٹمی کی مثال دے کر کہنے لگے دیکھیں اگر وہ بے تکی شاعری کرنے میں لگا رہتا تو کیا اس کی افسانہ نگاری اتنی ابھر سکتی جتنی اب ابھر آئی ہے؟بات ان دوستوں کی مناسب تھی۔

اب یہاں جرمنی میں رہتے ہوئے جب میں مغربی ممالک میں مقیم بیسیوں بے وزن شاعروں کو دیکھتا ہوں،جعلی شاعروں اور ادیبوں کو دیکھتا ہوں جو محض دولت کے بل پر ریڈی میڈ شاعر اور ادیب بن گئے ہیں تو مجھے کئی بار خواجہ ادریس، رب نواز قریشی، شیخ فیاض الدین اور انجمن انسداد شعراء خانپور کے دوسرے دوست شدت سے یاد آتے ہیں۔کاش یہ دوست یہاں آسکتے اور ایسے جعلی شاعروں اور ادیبوں کی سرکوبی کے لئے کچھ کر پاتے۔

مجھے تو بالکل ہی بھول گیا تھا لیکن اب نذر خلیق صاحب نے یاد دلایا ہے کہ میں نے ایک بار ایک فلمی رسالہ''سنگیت''خانپور سے شروع کیا تھا۔یہ ۱۹۷۷ء کی بات ہے۔تب میں نے جن دوستوں کی ٹیم بنا کر یہ فلمی رسالہ شروع کیا ان میں نذر خلیق بھی شامل تھے۔اس کا صرف ایک ہی شمارہ نکل سکا۔۱۹۷۸ء میں پھر میں نے خانپور سے''جدید ادب''جاری کیا۔اس کی ٹیم میں صفدر صدیق رضی اور فرحت نواز (جو اب رحیم یار خان میں انگریزی کی پروفیسر ہیں) موثر پارٹنر تھے۔رضی صرف دو،ڈھائی سال تک دوستی نبھا سکے۔اور پھر وہ''جدید ادب''کی ادارت میں شامل نہ رہے۔البتہ فرحت نواز رسالہ کی ادارت میں آخر رضی میرے بہت قریبی دوست تھے۔میرے ذاتی عمومی حالات تو ایسے تھے کہ میں اپنی غزلیں اور دوسری تخلیقات لکھنے کے لئے کاغذ قلم اور سیاہی خریدنے کی بھی پوری استطاعت نہیں رکھتا تھا۔اس کے باوجود ''جدید ادب''جیسا رسالہ جاری کر رکھا تھا۔اس سلسلے میں صفدر صدیق رضی نے پیراڈائز سینما کے قریب سٹیشنری کی ایک دوکان پر اپنا کھاتہ کھول رکھا تھا اور اسکے مالک کو ہدایت کر رکھی تھی کہ حیدر قریشی جو سٹیشنری جب چاہے رضی کے حساب سے لے سکتا ہے۔''جدید ادب''کے سلسلہ میں جتنی سٹیشنری کی ضرورت پڑتی تھی میں وہاں سے لے لیا کرتا تھا۔اپنی ضرورت کے لئے میں نے کبھی ایک پیسے کی چیز بھی نہیں لی تھی۔پھر جب وہ ایک بہت ہی معمولی بات پر دوستی کو چھوڑ گئے تب ایسا نہیں کیا کہ مجھے براہ راست کہہ دیتے کہ میری طرف سے''جدید ادب''کا کام ختم ہوا۔اب میری طرف سے کوئی اسٹیشنری نہیں لیجئے

گا۔اس کے بجائے انہوں نے سٹیشنری شاپ والوں کو کہہ دیا کہ جب حیدر قریشی کوئی سامان لینے آئے اسے بتادیں کہ میں نے منع کر دیا ہے۔ مجھے ان کے اندر کی ''پاک تبدیلی'' کا کوئی علم نہ تھا۔ چنانچہ حسب معمول اگلے شمارہ کی تیاری کے سلسلہ میں دوکان پر گیا اور ایک دستہ کاغذ کے لئے کہا تو مجھے رضی صاحب کا پیغام سنا دیا گیا۔ میں پیغام سن کر حیران رہ گیا۔

اچھا ہوا کہ ہم سے محبت نہیں تمہیں
اچھا ہوا کہ دل کا یہ ابہام مر گیا

میری ''اوقات'' دیکھئے کہ اس وقت میری جیب میں ایک دستہ کاغذ خریدنے جتنے پیسے بھی نہ تھے کہ اپنی طرف سے ہی کاغذ خرید لیتا۔ شرمندہ ہو کر وہاں سے لَوٹ آیا۔ میرا خیال ہے کہ ناحق ملنے والے دکھ کی تلافی خدا کی طرف سے کسی نہ کسی اجر کی صورت میں ضرور ملتی ہے۔اب جو کاغذ کے بجائے کمپیوٹر پر بیٹھ کر اپنی تخلیقات لکھتا رہتا ہوں تو شاید یہ بھی انہیں دکھوں کا صلہ ہو جو بعض دوستوں نے بے جا طور پر دیئے۔ بہر حال اللہ صفدر صدیق رضی صاحب کو خوش رکھے۔

خانپور نے مجھے میری ادبی پہچان عطا کی۔ بھاولپور کی سطح پر مجھے نقوی احمد پوری، مظہر مسعود، خورشید ناظر، ڈاکٹر انور صابر جیسے دوست عطا کئے، تو پروفیسر ڈاکٹر شفیق احمد جیسے غائبانہ محبت کرنے والے مہربان بھی ملا دیئے۔ ایک طرف خانپور سے نذر خلیق نے دلی محبت کے ساتھ میرے بارے میں تین سو سے زائد صفحات پر مشتمل ایک بہت عمدہ کتاب ''حیدر قریشی کی ادبی خدمات'' مرتب کرکے چھاپ دی ہے۔ دوسری طرف ڈاکٹر انور صابر کی صاحبزادی منزّہ یاسمین نے اپنے ایم اے کے مقالہ کے لئے میرے ادبی کام کو اپنا موضوع بنایا تو اس میں ڈاکٹر انور صابر اور خورشید ناظر کی محبت کا بھی کچھ حصہ شامل تھا اور ڈاکٹر شفیق تو بہ نفس نفیس اس مقالہ کے نگران تھے۔فل اسکیپ کے ۲۰۰ سے زائد صفحات پر مشتمل یہ مقالہ در حقیقت میری سرائیکی دھرتی کی طرف سے خود میرے لئے میری پہچان کا ایک تحفہ ہے۔ میں اس مقالہ کو پڑھ کر صرف خوش ہی نہیں ہوا، اپنی دھرتی کے حوالے سے اپنی پہچان کے ایک اہم مرحلے سے بھی گزر رہا ہوں۔

جیسا کہ میں شروع میں ذکر کر چکا ہوں، میں نے اپنی سب سے پہلی بے تکی اور ناقابلِ اشاعت غزل میں لکھا تھا۔

نہیں لطف حیدرؔ وہ ذکرِ خدا میں
جو ملتا ہے لطف ہم کو ذکرِ صنم میں

اب اپنے پورے ادبی سفر کو شاعری کے حوالے سے دیکھنے لگا ہوں تو مجھے اپنی تین نئی غزلوں کے مقطعوں میں جیسے اپنے ادبی سفر کی پوری روداد مل گئی ہے۔بس میں نے مذکورہ بالا شعر سے لے کر ان اشعار تک کا سفر کیا ہے۔

یا آنکھوں میں خاک برستی تھی حیدر
یا اب پیہم اشک دعا میں گرتے ہیں

بن جاتا تریاق اسی کا زہر اگر تم حیدر
کوئی آیت پیار کی پڑھتے اور اُس پر دَم کرتے

آنکھیں اُس کی بھی ہیں اب برسات بھری
حیدرؔ مَیل دلوں کے دُھلنے والے ہیں

میری شاعری کی بات میری پہلی کے غزل کے مقطع سے شروع ہوئی تھی اور اب تک کی تازہ غزلوں کے مقطعوں تک آ پہنچی ہے۔گویا ''سخن گسترانہ'' بات مقطع سے شروع ہو کر مقطعوں میں آ پڑی ہے۔ میرے پہلے بے تکے اظہار سے لے کر ایسے اشعار تک۔۔۔۔یہی میرے اب تک کے شعری سفر کی رُوداد ہے۔فکری اور شعری لحاظ سے جتنا بھی سفر طے ہوا ہے سراسر خدا کا فضل اور احسان ہے۔وگرنہ من آنم کہ من دانم!

☆☆☆

کھٹی میٹھی یادیں

(رہے نام اللہ کا)

نام تو اللہ کا ہی رہنے والا ہے، باقی سب کو فنا ہے لیکن یہ نام کیا چیز ہے؟ چلیں ہم انسان تو نام کی مجبوری رکھتے ہیں، کیا خدا کو بھی نام کی ضرورت ہے؟ یہ مسئلہ تھوڑا سا نازک ہے، اس لئے اس پر آگے چل کر بات کروں گا۔ فی الحال اپنے نام کے ساتھ یورپ میں ہونے والے سلوک کا حال بتا دوں۔ میرا پورا نام قریشی غلام حیدر ارشد ہے۔ ادب کی دنیا میں آیا تو اتنے طویل نام کو سنبھالنا مشکل لگا، سو قلمی نام حیدر قریشی موزوں لگا اور اسے اختیار کر لیا۔ میرے آنے سے پہلے میری اہلیہ اور تین بچے جرمنی پہنچ چکے تھے۔ پاکستان میں تو تین چار ٹکڑوں کے نام عام طور پر رکھے جاتے ہیں۔ اور ان ٹکڑوں میں فیملی نام اور پہلے نام کی تخصیص بھی نہیں کی جاتی۔ چنانچہ چوہدری شاہ محمد صاحب کی اگلی پیڑھی آسانی سے شاہ صاحب بن جاتی ہے۔ لیکن ادھر یورپ میں پہنچے تو پتہ چلا کہ بچے دو ہی اچھے کی طرح نام کے بھی دو ہی حصے اچھے۔ مبارکہ سے پوچھا گیا کہ فیملی نام کیا ہے؟ اس نے آسانی سے خود کو مبارکہ حیدر لکھوا لیا۔ بچوں کے نام بھی اسی طرح حیدر فیملی نام کے ساتھ لکھ لئے گئے۔ جب میں جرمنی میں پہنچا تو میرے ساتھ آنے والے بیٹوں نے بھی اپنے نام شعیب حیدر اور عثمان حیدر لکھوائے، جبکہ میں نے اپنا پورا نام قریشی فیملی نام کے ساتھ درج کرایا۔ اب صورتحال یوں بنی کہ میرے گھر کے باقی سارے افراد کا فیملی نام حیدر تھا اور میرا فیملی نام قریشی۔ کسی آفس سے واسطہ پڑتا تو وہاں تھوڑی سی الجھن ہوتی لیکن پھر مسئلہ حل ہو جاتا۔

اسی دوران ایک آفس کی افسر نے بتایا کہ ہمیں تو اس صورتحال سے کوئی پریشانی نہیں ہے لیکن آگے چل کر جب آپ لوگوں نے جرمن نیشنلٹی حاصل کرنا چاہی، تب آپ لوگوں کو فیملی بک بنواتے وقت مشکل پیش آئے گی۔ اس لئے یا تو باقی سب کا فیملی نام قریشی کرا لیں یا اپنا فیملی نام حیدر کر لیں۔ مجھے مسئلے کی نزاکت کا اندازہ ہو گیا۔ اس کا حل ڈھونڈنے کے لئے ایک وکیل سے رابطہ کیا۔ فیملی نام میں تبدیلی سرکاری اور عدالتی سطح پر کرانا ہوتی ہے اور فی کس کے حساب سے یکساں فیس ادا کرنا پڑتی ہے۔ اب صورتحال یوں بنی کہ یا تو میرا فیملی نام بھی حیدر کرا لیا جائے اور صرف ایک بندے کی فیس ادا کی جائے یا پھر چھ افراد کا فیملی نام قریشی کرایا جائے اور چھ گنا زیادہ فیس ادا کی جائے۔ اپنی مالی حالت دیکھتے ہوئے یہی مناسب لگا کہ میرا فیملی نام ہی حیدر کرا لیا جائے۔ سو یوں اب میرا فیملی نام حیدر ہو گیا اور پہلا نام شاہ محمد کی طرح قریشی ہو گیا۔ یوں قریشیت کے حوالے سے ہم اہلِ عرب خود ہی عجم ہو گئے۔ باقی صاحب!

کہاں کا عرب اور کہاں کا عجم۔ہم سیدھے سادے پاکستانی تھے اور اب اتنی ہی سیدھی سادی پاکستانی اصلیت کے ساتھ جرمن نیشنلٹی کے حامل ہیں۔فیملی نام کی اس تیکنیکی تبدیلی کے نتیجہ میں واقعتاً ہم بہت سی قباحتوں سے بچ گئے اور بہت سارے کام بڑی آسانی سے ہو گئے۔

فیملی نام کے مسئلہ کو شاید پاکستانی دوست ٹھیک سے نہ سمجھ پائیں اس لئے یہاں کی بہت ساری مثالوں میں سے ایک دو مثالیں بیان کر دیتا ہوں۔ایک لڑکے کے والد رانا تھے اور پاکستان میں مجسٹریٹ تھے،ان کی والدہ قریشی تھیں۔میاں بیوی میں علیحدگی ہوگئی۔لڑکے کی والدہ بیٹے کو لے کر جرمنی میں آ گئیں۔یہاں انہوں نے اپنا فیملی نام قریشی لکھوایا اور اسی مناسبت سے راجپوت بیٹے کا فیملی نام بھی قریشی ہو گیا۔ایک خاتون پہلے جرمنی پہنچیں تو انہوں نے اپنے نام کے ساتھ بیگم لکھوایا۔اندراج کرنے والوں نے بیگم کو بطور فیملی نام لکھ لیا۔اس کے بعد لطیفہ اس وقت بنا جب ان کے ہر بچے کے نام کے ساتھ بیگم بطور فیملی نام کے لکھا گیا۔مثلاً عتیق بیگم،لئیق بیگم وغیرہ۔اس فیملی کو واقعتاً بعد میں کافی مشکلات کا سامنا کرنا پڑا۔اور کئی برس کی بھاگ دوڑ کے بعد اب اپنے نام ٹھیک کرا سکے ہیں،جبکہ خرچہ بھی بہت کرنا پڑا۔یہ نام اور ذات کیا ہے؟بلھے شاہ نے کہا تھا:

چل اوئے بلھیا اوتھے چلیے جتھے سارے اَنھیں نہ کوئی ساڈی ذات پچھانے نہ کوئی ساہنوں منے

(بلھے شاہ!چلو وہاں چلیں جہاں سب اندھے ہوں،

تا کہ نہ کوئی ہماری ذات پہچان سکے اور نہ ہی ہمیں مانے۔)

ذات اور ہستی تو صرف خدا ہی کی ہے۔اور نام۔۔پتہ نہیں خدا کا کوئی ایسا نام بھی ہے جس کے بغیر اس کی شناخت ممکن نہ ہو؟جہاں تک مختلف مسالک اور مذاہب کا تعلق ہے،جسے خدا کا جو نام ملا ہوا ہے یا بتا دیا گیا ہے وہ اسی نام کو خدا کا اصل نام قرار دیتا ہے۔اور خدا کے لئے دوسروں کے اختیار کردہ ناموں کو صفاتی یا فرضی نام سمجھتا ہے۔یہاں جرمنی میں مسیحی فرقہ یہوواہ وٹنسز کے کچھ لوگ میرے پاس آتے رہے۔ان کا کہنا ہے کہ خدا کا اصل نام یہوواہ ہے۔میں نے انہیں کہا کہ سارے اچھے نام جو خدا کے لئے بولے جاتے ہیں،میں ان سب کا احترام کرتا ہوں۔اس لئے مجھے یہوواہ کے نام پر بھی کوئی اعتراض نہیں لیکن ان کا اصرار تھا کہ صرف یہی نام خدا کا حقیقی نام ہے۔پاکستان میں بھی اسلام کے نام پر انتہا پسندی کی جو لہر آئی ہوئی تھی اس کے نتیجہ میں وہاں خدا کا لفظ ایک طرح سے ممنوع قرار دے دیا گیا اور صرف 'اللہ' نام کو حقیقی قرار دیا گیا۔'اللہ' نام تو خود میری روزمرہ بول چال کا بھی حصہ ہے لیکن میں صرف اسی پر ایسا اصرار نہیں کرتا کہ دوسروں کے ناموں پر پابندی لگا دوں۔خدا کا نام تو ویسے بھی فارسی روایت کا حصہ ہے جو اردو میں رچ بس چکا ہے۔خدا کے نام کو چھوڑ کر صرف اللہ پر اصرار کرنے والے دنوں میں مجھے اکبرالہٰ آبادی کا ایک شعر یاد آتا رہا۔

رقیبوں نے رپٹ لکھوائی ہے جا جا کے تھانے میں

کہ اکبرؔ نام لیتا ہے خدا کا اس زمانے میں

لفظ اللہ کے بارے میں پڑھا تھا کہ یہ اِیل الہٰ سے بنا ہے۔ الہٰ کا مطلب ہے معبود۔ اِیل کا لفظ خدا کے لئے بولا جاتا ہے۔ حضرت اسماعیل کا اصل نام اسمع اِیل ہے۔یعنی خدا نے سن لی۔ بی بی ہاجرہ کے دکھ کو دیکھ کر خدا نے ان کی سن لی اور فرشتہ کے ذریعے انہیں ایک بیٹا ہونے کی بشارت دی تھی۔اور اس کا یہی نام رکھنے کا حکم دیا تھا یعنی اسمع اِیل۔ چار معروف فرشتوں کے نام بھی خدا (اِیل) سے ان کی وابستگی اور نسبت کو ظاہر کرتے ہیں۔ جبرائیل، میکائیل،عزرائیل،اسرافیل۔۔حضرت یعقوب علیہ السلام کے بنائے ہوئے بیت اِیل کا ذکر بھی بائبل میں موجود ہے۔اور بائبل میں بعض دوسرے مقامات پر بھی ایل بمعنی خدا مذکور ہے۔ باقی واللہ اعلم!

جرمن زبان میں خدا کے لئے Gott گاٹ کا لفظ بولا جاتا ہے۔اس کا صحیح تلفظ گاٹ اور گوٹ کے درمیان کی آوز میں ہے۔جس میں گئوٹ سے ملتی جلتی آواز نکلتی ہے۔ میں یہاں جس اولڈ ہوم میں ملازم ہوں، یہاں ایک بزرگ خاتون فراؤ کلاسن (Frau Klassen) داخل ہوئی تھیں،اب فوت ہو چکی ہیں۔وہ جب کبھی کسی بات پر جھنجھلا جاتیں تو گوٹ گوٹ گوٹ گوٹ چار پانچ بار ایک ساتھ کہہ جاتیں اور میں دل ہی میں کہتا فراؤ کلاسن تم نے تو اپنے خدا کو گھوٹ کر رکھ دیا۔

سائنسی ترقی ہمارے دیکھتے ہی دیکھتے کمپیوٹر سے کلوننگ کے عہد تک آ گئی ہے۔ابھی آئرن ایج تھا، ''لوہے کے پراُگ آئے'' تھے،ہم اسی عہد کے سحر میں تھے کہ ڈیجیٹ ایج شروع ہوگیا۔چپ کی جادو گری کی حیرتیں ختم نہیں ہوئیں کہ کلوننگ کا زمانہ بھی شروع ہو گیا۔ اور ابھی پتہ نہیں مزید کیا سے کیا ہوتا جائے گا۔نئی سائنسی ترقیات سے ایک سطح پر مذہبی تصورات میں ٹوٹ پھوٹ ہورہی ہے تو ایک بڑی سطح پر مذہب کا اثبات بھی ہورہا ہے۔

کمپیوٹر چپ کی کارکردگی دیکھیں تو اس میں لکھت پڑھت کے ساتھ آڈیو، ویڈیو ریکارڈنگ بھی محفوظ ہو جاتی ہے۔اگر انسانی چپ کی کارکردگی اتنی حیران کن ہے تو منکر نکیر کے تصور اور انسانی اعمال وافعال کی خدائی ریکارڈنگ کی بات بھی سمجھ میں آ جاتی ہے۔

میں چھ سات برس تک تو کمپیوٹر سے اور انٹرنیٹ سے جنون کی حد تک وابستہ رہا ہوں۔لیکن اب لگتا ہے دریا کی سیلابی کیفیت ختم ہوگئی ہے اور بس عام بہاؤ والی حالت ہوگئی ہے۔معمول کے اخبارات دیکھے،ای میلز پڑھیں، جواب بھیجے، اپنا ادبی کام کیا اور بس! وہ جو کئی کئی گھنٹے کمپیوٹر پر بیٹھنے کا شوق تھا اب ختم ہو گیا ہے۔ہاں معمول کے مطابق روزانہ ایک سے دو گھنٹے تک کمپیوٹر پر صرف ہوجاتے ہیں۔تاہم اپنے سارے بچوں کے مقابلہ میں اب بھی کمپیوٹر پر زیادہ وقت میں ہی بیٹھتا ہوں۔ جب میرے بچوں کے بچے گھر پر آتے ہیں، مجھے اپنی بہت ساری چیزوں کی فکر رہتی ہے اور میں ان سے انہیں بچائے پھرتا ہوں۔ایک سال سے نو سال کی عمر تک کے یہ سارے بچے مجھ سے متعلق چیزوں میں زیادہ دلچسپی لیتے

ہیں۔میری کتابیں ہوں،ٹوپیاں ہوں،کھانے پینے کی شوگر فری اشیاء ہوں یا میرا کمپیوٹر ہو،میرے پوتے، پوتیاں،نواسے سب اپنے اپنے طور پر داؤ میں لگے رہتے ہیں۔ٹوپیاں پہن لیں گے،اشیاء چکھتے پھریں گے۔ایک بچہ میری زیر مطالعہ کتاب کو اٹھائے گا اور جو صفحہ ایک بار دیکھ لے گا،اسے پھر کوئی اور کتاب میں نہیں دیکھ سکے گا۔ایک پوتا پہلے کتابیں کتر کتر کر کھاتا تھا۔میں نے کہا بھئی یہ تو علم اور ادب کو ہضم کر رہا ہے۔کمپیوٹر پرنٹر کے لئے اے ۴ سائز کے پیپرز کے پیکٹس کو بچے ادھیڑ کر رکھ دیتے ہیں اور پھر ہر بچہ ان پیپرز پر اپنی مرضی کی پینٹنگ یا شاعری کر رہا ہوتا ہے۔پیپرز کو بچوں سے بچانے کے لئے آخر اپنے کمپیوٹر کے ساتھ منسلک پرنٹر کو میں نے کمپیوٹر ٹیبل پر اس طرح سیٹ کیا کہ بچوں کا ہاتھ کاغذات والے حصے تک پہنچ ہی نہ سکے۔میں مطمئن ہو کر بیٹھ گیا لیکن تھوڑی دیر کے بعد دیکھا تو سب کے ہاتھ میں پیپرز تھے اور وہ اپنے معمول کے مطابق پینٹنگ یا شاعری ''کرنے'' میں مصروف تھے۔پہلے بڑے افراد سے پوچھا کہ کس نے انہیں اتنے سارے پیپر نکال کر دیئے ہیں؟۔کسی بڑے نے ایسا نہیں کیا تھا۔پھر بچوں سے ڈائریکٹ تفتیش شروع کی تو پتہ چلا بڑے پوتے نے سب کو پیپر نکال کر دیئے ہیں۔میں نے اس سے پوچھا آپ میز کے اوپر چڑھ گئے تھے؟پوتے نے بتایا کہ نہیں ویسے نکالے ہیں۔میں اسے کمپیوٹر والے کمرے میں لایا۔اس کی عمر،قد اور میز پر رکھے پرنٹر کی سیٹنگ ایسی تھی کہ وہ کسی کی مدد کے بغیر یا میز پر چڑھے بغیر پیپر نکال ہی نہیں سکتا تھا۔میں نے اسے کہا ایک اور پیپر نکال کر دکھاؤ۔

پوتے نے فوراً پرنٹر کا سوئچ آن کیا پھر اس کے اس بٹن کو دبایا جس کے ذریعے حسبِ ضرورت فوٹو کاپی نکالی جاسکتی ہے۔بٹن دبانے کی دیر تھی بالکل پیچھے رکھے ہوئے پیپرز میں سے ایک پیپر باہر آگیا۔چونکہ فوٹو کاپی کرنے کے لئے کوئی میٹر نہیں رکھا تھا اس لئے پیپر پلین ہی آنا تھا۔میں پوتے کی ترکیب پر حیران ہو کر ہنس رہا تھا اور پوتا مجھ سے پوچھ رہا تھا دادا ابو!اور کاغذ نکال دوں؟

پوتے کے ساتھ اس تجربہ کے بعد مجھے لگا کہ کمپیوٹر چپ کے کمالات کی طرح،اگلی زندگی میں ہمارے اعمال کا سارا ریکارڈ ہونے کے باوجود ہم گنہگاروں کی غلطیوں اور کوتاہیوں کی کئی ترکیبوں پر اللہ میاں بھی پہلے تو پوچھے گا کہ اوئے بدمعاشو!تم نے یہ ساری حرکتیں کیسے کی تھیں؟اور پھر ہمارے کسی جواب کے بغیر ہی ہنس دے گا کہ وہ تو سب کچھ ہی جانتا ہے۔اس کے پاس سارا ریکارڈ بھی موجود ہے۔

کمپیوٹر برق رفتاری کی علامت ہے۔زندگی کے ہر شعبے میں رفتار بہت تیز ہے۔ہم لوگ ۳۰ میل فی گھنٹہ سے زندگی شروع کرنے والے ۵۰ کلومیٹر فی گھنٹہ تک ہی پاکستان میں خوش ہو جاتے تھے۔کسی عزیز کو الوادع کہنے کے لئے ریلوے اسٹیشن پر جاتے یا کوئی ہمیں الوداع کہنے آتا،گاڑی ہلکے سے جھٹکے کے ساتھ رینگنا شروع کرتی تو الوداع کہنے والے چلتی ٹرین کے ساتھ ہاتھ ہلاتے ہوئے چلتے اور الوداع کہنے کا یہ ایک ڈیڑھ منٹ کا وقت جیسے ملنے اور بچھڑنے کے سارے زمانے ساتھ لئے ہوتا تھا۔ابا جی کبھی ہمیں ٹرین پر سوار کرنے آتے تو عموماً پلیٹ فارم کے آخری سرے تک ساتھ ساتھ چلتے آتے۔اور جب

پلیٹ فارم اور ابا جی ایک ساتھ آنکھ سے اوجھل ہو جاتے تو اگلی منزل پر جانے کی خوشی کے باوجود ایسے لگتا جیسے ابا جی گم ہو گئے ہیں۔ اور اب کہ زندگی کی اس منزل پر آ گیا ہوں جہاں لوکل ٹرین بھی سٹارٹ ہوتی ہے تو اتنی رفتار پکڑ لیتی ہے کہ ایک قدم بھی ساتھ ساتھ چلنے کی نوبت نہیں آنے دیتی۔ یہاں ایک بار بچوں کو ٹرین کے ذریعے سفر کر کے ہمبرگ جانا تھا، میں انہیں خدا حافظ کہنے کے لئے ریلوے اسٹیشن تک ساتھ گیا۔ جب ٹرین روانہ ہوئی تو میں بچوں کو ٹرین کے ساتھ چلتے چلتے ہاتھ ہلا کر خدا حافظ کہنے کی خواہش دل میں ہی لئے رہ گیا۔ لیکن اس تجربہ نے مجھے فرینکفرٹ ریلوے اسٹیشن پر ابا جی سے ملا دیا۔ مجھے لگا ابا جی عدم کے پلیٹ فارم پر کھڑے مجھے زندگی کی ٹرین میں دیکھ کر ہاتھ ہلاتے، ساتھ ساتھ چلے آ رہے ہیں۔

خیر بات ہو رہی تھی مخصوص جدید سائنسی تجربات و ایجادات کی۔ حال ہی میں کلوننگ کا ایک انوکھا تجربہ کامیابی کے ساتھ کیا گیا تھا۔ کسی جاندار کے کسی ایک سیل کو لے کر سائنسی عمل سے گزار کر ہو بہو ویسا ہی جاندار بنا دینا۔ یہاں تک کہ آپ کے مکھڑے پر دائیں جانب تل ہے تو آپ کے ایک سیل سے بنایا جانے والا آپ کا ہمزاد بھی بعینہ ویسے تل کا حامل ہوگا۔ اس کے نتیجہ میں پیدائش کے عمل میں مرد اور عورت کی کوئی ضرورت ہی نہیں رہ جاتی۔ یہاں ٹیسٹ ٹیوب بے بی والا کوئی جھنجھٹ بھی نہیں ہے۔ بے شک یہ تجربہ ایک سطح پر بہت سارے مذہبی تصورات کو توڑتا دکھائی دیتا ہے۔ میرے جیسا بندہ جو بچپن میں خوش الحانی سے ایک نظم میں یہ شعر پڑھا کرتا تھا

بنا سکتا نہیں اک پاؤں کیڑے کا بشر ہرگز تو پھر کیونکر بنانا نورِ حق کا اس پہ آساں ہے

اب عمر کے اس حصے میں دیکھ رہا ہے کہ ایک بھیڑ (ڈولی) کی کلوننگ کا کامیاب تجربہ ہو چکا ہے۔ اس کے بعد اسی انداز کے چند اور تجربے بھی ہوئے ہیں تاہم پہلے تجربے کے بعد کسی بڑے بریک تھرو کی خبر نہیں آئی۔ اس تجربہ کے فوراً بعد پوپ سمیت سنجیدہ مذہبی حلقوں نے ناپسندیدگی کا اظہار کرتے ہوئے اس پر پابندی عائد کرنے کا مطالبہ کیا تھا اور امریکہ سمیت بعض ممالک نے بھی اس تجربہ پر تشویش کا اظہار کیا تھا۔ ویسے امریکہ کی تشویش کی وجہ تو سمجھ میں آتی ہے کہ آج کی ترقی یافتہ ترین سائنس کے عہد کا سب سے بڑا سائنسی تجربہ کرنے والا کوئی امریکی نہیں تھا بلکہ اسکاٹ لینڈ کا ایک سائنس دان تھا۔ جدید سائنس کی ابتدا گلیلیو سے شروع کریں تو اس کے یہ کہنے پر کہ زمین گول ہے اور سورج کے گرد گردش کر رہی ہے، اُس وقت کے پوپ کے حکم سے اسے کافر قرار دے کر مار دیا گیا تھا۔ اب کلوننگ کے تجربے پر ناپسندیدگی کرنے والے بھی دراصل سائنس کو عقائد کے تابع کرنا چاہتے ہیں۔ بے شک کلوننگ کے کامیاب تجربہ سے موت پر قابو پانے کے انسانی خواب کی امیدیں بڑھ گئی ہیں۔ ہم پرانی داستانوں میں جو آبِ حیات ڈھونڈتے پھرتے تھے، کلوننگ بھی اس سے ملتی جلتی کوئی چیز لگتی ہے۔ ویسے آبِ حیات کی تلاش کا ایک اور تجربہ بھی ہو رہا ہے جس کے مطابق انسانی زندگی کو دو اڑھائی سو سال تک آسانی سے لے جایا جا سکے گا۔ سائنس ابھی سائنسی آبِ حیات کے کنارے تک پہنچنے والی ہے مگر ہم تو اپنی داستانوں میں پہلے ہی بتا

چکے ہیں کہ آبِ حیات پی چکنے والے سارے لوگ آبِ حیات نہر کے کنارے پر ایسی عبرتناک حالت میں زندہ تھے کہ تڑپ رہے تھے اور موت کی دعا کر رہے تھے لیکن انہیں موت نہیں آ رہی تھی۔شاید ہماری سائنس بھی اسی طرف یا اس سے کچھ ملتی جلتی طرف جا رہی ہے۔اس کے باوجود کہ سائنسی ایجادات کے اس تیز رفتار دور میں کوئی ایجاد کسی ایسی تباہی کا باعث بن سکتی ہے جو انسان کو پھر سے پتھر کے زمانے میں لے جائے، پھر بھی میں مذہب کی طرح سائنس کی بھی خودمختاری کا حامی ہوں۔کلوننگ کے تجربہ کی کامیابی سے ایک چھوٹی سطح پر مذہبی افکار پر ضرب تو لگی ہے لیکن اس سے کہیں زیادہ بڑی سطح پر مذہب کا اثبات ہوا ہے۔اگر ایک سائنسدان کسی جاندار کے ایک سیل سے بالکل ویسا جاندار بنا سکتا ہے تو حیات بعدالموت کا مذہبی عقیدہ سائنسی طور پر ثابت ہو گیا کہ خدا کے لئے ہماری خاک یا راکھ میں سے کسی ایک سیل کو نکال کر اس سے ہمیں دوبارہ زندہ کر دینا کونسا مشکل کام ہوگا۔قرآن شریف میں کئی مقامات پر معترضین کے الفاظ آئے ہیں کہ جب ہم مر کر خاک ہو جائیں گے تو پھر ہمیں کیسے دوبارہ زندہ کیا جائے گا۔اللہ کی قدرتوں کا تو اپنا ہی انداز ہے لیکن کلوننگ کا تجربہ بجائے خود حیات بعدالموت کے عقیدہ پر اعتراض کا سائنسی جواب ہے۔

دہریے لوگوں کی کم از کم دو قسمیں تو میرے ذہن میں واضح ہیں۔ایک قسم کے دہریے وہ ہیں جو کچے پکے مطالعہ کے ساتھ، دانشور کہلانے کے لئے شوقیہ دہریے بن گئے۔یہ لوگ محض محفلوں میں نمایاں ہونے کے لئے نازیبا زبان میں بات کرتے ہیں۔خدا کو سمجھنے کی کاوش یا اس کی جستجو (چاہے اس کے نتیجہ میں بندہ کوچۂ الحاد میں بھی چلا جائے) ان کے ہاں بالکل نہیں ہوتی۔نام آوری کے ایسے شوقین دہریوں کو میں شیخ چلی دہریے سمجھتا ہوں۔ان کے برعکس وہ لوگ جو واقعتاً خدا کی ہستی کو عقل کے ذریعے سمجھنا اور جاننا چاہتے ہیں، میں ان کے انکار کے باوجود انہیں خدا پرست کہتا ہوں۔لاتسبو الدہر والی حدیث قدسی میں خدا خود کہتا ہے کہ زمانے (دہر) کو برا مت کہو، میں خود زمانہ (دہر) ہوں۔تو صاحب! اگر خدا دہر ہے تو دہریہ کا مطلب ہوا خدا پرست۔

مختلف مذاہب کا پس منظر رکھنے والے دہریوں میں ایک دلچسپ چیز میں نے یہ دیکھی کہ کسی نہ کسی سطح پر وہ اپنے مذہب سے لازماً وابستہ ہوتے ہیں۔یہاں فرینکفرٹ میں ایک بی بی کرسٹین Kerstin خود کو انسانیت کا علمبردار کہتی ہیں۔مسیحی چرچ سے کوئی دلچسپی نہیں رکھتیں، مذہب ان کے نزدیک نفرتوں کی بنیاد ہے۔مسٹر مُلر Müller خود کو واضح لفظوں میں دہریہ کہتے ہیں۔میں نے ان سے ان کا فکری پس منظر جاننا چاہا تو انہوں نے کوئی وضاحت نہیں کی۔لیکن اتنا معلوم ہو گیا کہ ان کی اہلیہ یہودی ہیں۔ایک دن فلسطینیوں اور اسرائیلیوں کے حوالے سے کسی تازہ خبر پر گفتگو شروع ہوئی تو مسٹر مُلر کی ساری دہریت کھل گئی۔مجھے احساس ہوا کہ وہ دہریے تو ہیں لیکن یہودی دہریے۔یوں دہریوں کے بھی کئی مسلک سمجھ لیجیے۔مسلمان دہریے، مسیحی دہریے، ہندو دہریے۔یہاں کراچی کے ایک معروف ترقی پسند نقاد اور لاہور کے بھی ایک نیم ترقی پسند کالم نگار کی یاد آ گئی۔ان میں سے ایک نے انڈیا کے ادیب دوستوں میں بیٹھ کر

اظہر جاوید کے مسلک کا مذاق اڑایا اور ایک نے میرے مذہبی رجحانات کی خطرناکی سے وہاں کے ہندو دوستوں کو آگاہ کیا۔سو ثابت ہوا کہ دہریوں کی بھی اقسام ہیں یعنی مسلمان دہریے،مسیحی دہریے، ہندو دہریے، یہودی دہریے، وغیرہ وغیرہ۔ جوحسبِ موقع صاحبِ ایمان بھی بن جاتے ہیں۔

یہاں مجھے پاکستان سے سائنس کے ایک استاد ایم سلیم کی یاد آگئی۔ پندرہ سولہ سال قبل ان کی ایک چھوٹی سی کتاب پڑھی تھی۔ ''پُراسرار کائنات کا معمہ''۔اس میں کاسالوجیکل حوالے سے بڑی زبردست معلومات درج کی گئی تھی۔لیکن میرے مطلب کا سب سے اہم حصہ وہ تھا جس میں خلا کی بعض صفات اور خدا کی صفات کا ذکر کیا گیا تھا۔میں نے خدا کو سمجھنے میں اس موازنہ سے زبردست استفادہ کیا۔پہلی سطح پر یہ موازنہ خدا کے بارے میں ہمارے معین تصورات پر کاری ضرب لگاتا ہے۔لیکن میں نے (لا الہٰ ۔۔) نفی کے اس مرحلہ سے گزر کر خدا کے بارے میں ایک برتر تصور (لا الہ الا اللہ) تک رسائی حاصل کی۔نفی کا مرحلہ بجائے خود ایک دلچسپ سفر تھا۔خدا کی جتنی صفات ہیں انہیں ہم دو بڑے خانوں میں تقسیم کر سکتے ہیں۔ایک خانے میں وہ صفات آتی ہیں جو انسان میں چھوٹی سطح پر پائی جاتی ہیں اور خدا میں بہت بڑی سطح پر ان صفات کا جلوہ دکھائی دیتا ہے۔جیسے ربوبیت، رحیمیت، رحمانیت، قہاریت، جباریت وغیرہا۔ان صفات کے علاوہ ایسی جتنی بھی صفات ہیں جو انسان میں تو نہیں پائی جاتیں لیکن وہ ساری صفات خدا کے ساتھ خلا میں بھی پائی جاتی ہیں۔ایم سلیم نے مجھے ان صفات کا موازنہ کر کے ایک نئے فکری جہان کی سیر کرادی تھی۔چند مثالیں یہاں بھی درج کر دیتا ہوں۔

ا۔خدا سب سے بڑا ہے۔اس کی بڑائی کی کوئی حد نہیں ہے۔خلا بھی ساری کائنات سے بڑا ہے۔ جہاں تک مادی کائنات ہے، خلا موجود ہے اور اس سے سوا بھی خلا ہی خلا ہے۔

۲۔خدا واحد ہے۔خلا بھی پوری کائنات میں ایک ہی ہے۔

۳۔خدا کسی سے پیدا نہیں ہوا۔خلا بھی کسی سے پیدا نہیں ہوا۔

۴۔خدا بے نیاز ہے۔اور بے نیاز کی تعریف یہ ہے کہ اسے کسی کی کوئی ضرورت نہ ہو لیکن سب کو اس کی ضرورت ہو۔اس مادی کائنات کو اپنے وجود کے قیام کے لئے خلا کی اشد ضرورت ہے۔لیکن خلا کو کسی کی نہ کوئی ضرورت ہے نہ پرواہ۔

۵۔خدا ہر جگہ موجود ہے اور ہماری شہ رگ سے بھی قریب ہے۔خلا بھی ہر جگہ موجود ہے اور ہماری شہ رگ سے بھی قریب ہے۔

لیکن شاید اتنا کہہ دینے سے بات واضح نہیں ہوگی اس لئے اس سائنسی نکتے کی آسان لفظوں میں وضاحت کر دینا ضروری ہے۔ڈاکٹر وزیر آغا سے زبانی طور پر بھی اور ان کی خودنوشت سوانح کے ذریعے بھی اتنا تو جان چکا ہوں کہ اگر کروڑوں نوری سال سے بھی زیادہ مسافت پر پھیلی ہوئی ساری مادی کائنات میں سے خلا کو نکال دیا جائے تو سارا مادہ ایک گیند کے برابر یا اس سے بھی کم چمچ بھر رہ جائے

گا۔بعض سائنس دانوں کے نزدیک اسے Compress کیا جائے تو یہ اس سے بھی کم ہو کر سوئی کی نوک پر سما جائے گا۔اگر کوئی اینٹی میٹر اس سے ٹکرا جائے تو یہ مادہ بھی گاما ریز میں تبدیل ہو کر غائب ہو جائے گا اور باقی صرف خلا رہ جائے گا۔اور خدا کی بجائے خلا کے لفظ سے بھی غالب کا یہ شعر اپنے مفہوم میں غلط نہیں رہے گا۔

نہ تھا کچھ،تو خلا تھا، کچھ نہ ہوتا،تو خلا ہوتا ڈبویا مجھ کو ہونے نے ،نہ ہوتا میں،تو کیا ہوتا!

شہ رگ سے قریب ہونے والی بات کی وضاحت رہی جا رہی ہے۔اسے بھی آسان لفظوں میں بیان کرنا ضروری ہے۔ایٹم کے اندر جو پارٹیکلز ہیں ان کے درمیان بھی خلا ہے۔پروٹون اور الیکٹرون کے درمیان خلا کو سمجھنے کے لئے یہ جان لیں کہ اگر پروٹون کا سائز ایک فٹ بال جتنا تصور کر لیا جائے تو اس سے الیکٹرون تقریباً دو میل کی دوری پر ہوگا۔اس سے اندازہ کیا جا سکتا ہے کہ ہمارے وجود کے ہر ذرے میں خلا کس حد تک سرایت کئے ہوئے ہے اور اسی مناسبت سے وہ واضح طور پر ہم سے ہماری شہ رگ سے بھی قریب ہے۔

سو یوں ایک سطح پر فکری طور پر میرا مسئلہ یہ بنا کہ خدا کو اس کی صفات کے ذریعے جانا جائے تو انسانی صفات اور خلا کی صفات جیسی مشترکہ صفات کو چھوڑ کر کوئی ایسی صفت بھی ہونی چاہئے جو صرف خدا ہی کا امتیاز ہو۔اور وہ صفت کونسی ہے؟ میری زندگی کا بیشتر عرصہ ایک شوگر مل میں مزدوری کرتے گزرا ہے۔وہاں لیبارٹری میں گرمیوں کے دنوں میں بہت ہی چھوٹے چھوٹے روشنی کے کیڑے آجاتے تھے(ان کیڑوں کے کچھ احوال کے لئے میرا ایک پرانا افسانہ ''پتھر ہوتے وجود کا دُکھ'' پڑھئے)۔ان میں سے کوئی کیڑا اگر پوری شوگر مل کی حقیقت جاننا چاہے تو یہ اس کے بس کی بات نہیں ہے۔انسان کی حقیقت خدا کے سامنے کیڑے اور شوگر مل کی مناسبت جیسی بھی نہیں ہے۔لیکن پھر بھی انسان میں اپنے خالق و مالک کو جاننے کی جستجو تو ہے۔

حضرت علیؓ کا ایک فرمان اس جستجو میں میری رہنمائی کر گیا۔کمال التوحید نفی عن الصفات۔۔۔توحید کی حقیقت اور کمال تب ظہور فرماتا ہے جب صفات کی بھی نفی ہو جاتی ہے۔یا یوں کہہ لیں کہ صفات بھی بہت پیچھے رہ جاتی ہیں۔اور اس حقیقتِ عظمیٰ کے سامنے صفاتی نام بھی حیرت زدہ رہ جاتے ہیں۔پھر ایک حدیث شریف میں مذکور ایک دعا کے ذریعے بھی خدا کو جاننے کی جستجو کو تسکین سی ملی۔مسلم شریف کی اس دعا کا متعلقہ حصہ یہاں تبرکاً درج کر دیتا ہوں۔اللھم۔۔۔اسئا لک بکل اسمٍ ھولک سمیت بہٖ نفسک اوانزلتہ فی کتا بک اوعلمتہ احدامن خلقک اواستاءثرت بہٖ فی علم الغیب عندک ان تجعل القرآن العظیم ربیع قلبی اے اللہ!میں سوال کرتا ہوں تیرے اس نام کے ساتھ جو تو نے اپنے لیے پسند کیا،یا اپنی کتاب میں تو نے اتارا ہے،یا اپنی مخلوق میں سے کسی کو سکھایا ہے،یا اپنے علم غیب میں تو نے اسے اختیار کر رکھا ہے،اس بات کا کہ تو کر دے قرآن مجید کو میرے دل کی فرحت و خوشی۔

گویا خدا کا کوئی ایک ایسا نام ابھی ہے جو بڑی بڑی صاحبِ عرفان ہستیوں کو بھی معلوم نہیں ہے۔ یہ دعا کا اقتباس ہے، پوری دعا میری روز کے معمول کا حصہ ہے اور شاید اسی دعا کی برکت ہے کہ جرمنی جیسے ملک میں رہتے ہوئے اب تک میرے دونواسوں اور ایک پوتے نے قرآن شریف ختم کرلیا ہے۔ بڑے نواسے رومی نے تین سال پہلے سات سال کی عمر میں، دوسرے نواسے جگنو نے اِسی برس (۲۰۰۶ء میں) ساڑھے سات برس کی عمر میں اور بڑے پوتے شہری نے بھی اِسی برس ساڑھے پانچ سال کی عمر میں قرآن شریف ختم کرلیا ہے۔ رومی اور جگنو کی قرأت کا تو مجھے علم تھا کہ بہت عمدہ ہے۔ تاہم اپنے پوتے کے بارے میں مجھے اندازہ نہیں تھا کہ اس کا تلفظ اور لہجہ بھی اتنا عمدہ ہے۔ اب ۲۴ جون (۲۰۰۶ء) کو جب اس کی آمین کی تقریب میں اس سے قرآن شریف سنا تو میں حیران رہ گیا، حقیقتاً میرے پوتے نے اپنی قرأت سے میرا دل خوش کردیا۔ میری عربی ریڈنگ پنجابی لہجے والی ہے، میرے مقابلہ میں تینوں بچوں کی قرأت سن کر جی خوش ہوتا ہے۔ خدا میری بڑی بیٹی اور بڑی بہو کو اجرِ عظیم عطا کرے کہ ان کی توجہ کے بغیر بچے گھر پر رہ کر اتنا پڑھ ہی نہیں سکتے تھے۔ اور باقیوں کو بھی خدا توفیق دے کہ وہ بھی اپنے بچوں کو اسی طرح قرآن شریف پڑھنا سکھا دیں۔ آمین

میں نے مسلم شریف والی مذکورہ دعا کو اپنے روزانہ معمول کا حصہ بتایا ہے۔ دعاؤں کے بارے میں ''دعائیں اور قسمت'' باب میں کچھ ذکر کر چکا ہوں۔ اس دوران معمولات میں تھوڑی بہت تبدیلی بھی آجاتی ہے۔ گھر پر فجر کی نماز کے بعد والی دعائیں بدستور جاری ہیں۔ پھر گھر سے نکل کر جاب پر جانے تک دعاؤں کا سلسلہ بھی جاری ہے۔ رمضان شریف کے مہینہ میں ایسا کرتا ہوں کہ چھوٹے سائز کا قرآن شریف جاب پر ساتھ لے جاتا ہوں۔ دعاؤں کا سلسلہ مکمل کرنے کے بعد دورانِ سفر قرآن شریف پڑھتا رہتا ہوں۔ رمضان شریف کے مہینہ میں یہ عادت سی بن جاتی ہے چنانچہ میں نے رمضان شریف کے بعد بھی قرآن شریف ساتھ لے جانے کا سلسلہ جاری رکھا۔ لیکن پھر مجھے ایک دو جھٹکے لگے۔ ٹرین کے انتظار میں کھڑا ہوں۔ کوئی پاکستانی واقف دوست مل گئے۔ رسمی سی خیر خیریت کی باتیں ہوتی ہیں۔ اور مجھے اندازہ ہوتا ہے کہ ہم لوگ سچائی کے بلند بانگ دعووں کے باوجود عام زندگی میں دن بھر میں کتنے ہی جھوٹ بول جاتے ہیں۔ بے ضرر سے سہی لیکن جھوٹ تو جھوٹ ہی ہے۔ دوست مجھ سے کل کا پروگرام پوچھتا ہے اور میں اس سے جان چھڑانے کے لئے ڈیوٹی کا وقت غلط بتا دیتا ہوں۔ اس قسم کے کئی جھوٹ جو ہم دن میں بلا تکلف بول جاتے ہیں۔ مجھے لگا کہ قرآن شریف کو ساتھ رکھ کر معمول کی زندگی بسر کرنا مشکل ہو رہا ہے۔ بولتے ہوئے بار بار اٹکنا پڑتا ہے اور پھر رُک جانا پڑتا ہے۔ نہ رُکیں تو قرآن اُٹھا کر جھوٹ بولنے والی بات ہو جائے۔ اب میرے سامنے دو رستے تھے، یا تو میں ہمیشہ قرآن شریف ساتھ رکھا کروں اور اس طرح بے ضرر قسم کے جھوٹ بولنے سے بھی بچنے کی عادت کو مستحکم کرلوں۔ یا پھر قرآن شریف کو صرف گھر پر ہی پڑھا کروں اور بلاوجہ قرآن اٹھا کر جھوٹ بولنے کا مجرم نہ بن جاؤں۔ اور صاحب! سچی بات ہے میں

نے دوسری صورت اختیار کرنے میں عافیت سمجھی ہے۔

دعاؤں کا ورد تو اب بھی جاری ہے لیکن غضِ بصر والی عادت کم ہوتی جا رہی ہے۔ٹرین میں بیٹھے ہوئے وِرد از خود جاری رہتا ہے۔ذہن کسی اور طرف ہو تب بھی وِرد عموماً کسی روک کے بغیر جاری رہتا ہے۔لیکن بعض اوقات سوئی اٹکنے بھی لگتی ہے۔میں دعا پڑھ رہا ہوں:**اللھم طھر قلبی من النفاق و عملی من الریآءِ و لسانی من الکذب و عینی من الخیانتہ**۔۔۔(اے اللہ میرے دل کو نفاق سے پاک وصاف کر دے اور میرے ہر عمل کو ریا سے اور زبان کو جھوٹ سے اور میری آنکھ کو خیانت سے پاک کر دے۔۔۔)دعا ابھی یہاں تک پہنچتی ہے اور نظر باہر اسٹیشن پر لگے ہوئے ایک بڑے اشتہاری بورڈ پر جا پڑتی ہے۔آٹھ دس خواتین مکمل برہنگی کی حالت میں کھڑی مسکرا رہی ہیں۔اگرچہ اشتہاری کمپنی نے اشتہار کو بے حیائی سے بچانے کے لئے ان خواتین پر دو بڑی پٹیاں کھینچ دی ہیں جن سے ان کی زینت کے مقامات کی کسی حد تک پردہ پوشی ہو جاتی ہے۔لیکن **عینی من الخیانتہ** پڑھتے ہوئے ہی وہ منظر سامنے آ جائے تو کمزور انسان کیا کرے؟

اگلے اسٹیشن تک دعا پڑھ رہا ہوں **رب تقبل توبتی واغسل حوبتی و اَجب دعوتی**۔۔اور سامنے بورڈ پر ایک مکمل برہنہ مرد کسی سنسر شپ کی پٹی کے بغیر نیم دراز ہے۔البتہ فوٹو گرافی کا کمال یہ ہے کہ اس کا ستر بھی ظاہر نہیں ہوتا۔لیکن میری دعا واغسل حوبتی پر اٹکتی ہے، میں کراہت کے ساتھ کسی تھوک کے بغیر تھوک نگلنے جیسی کیفیت سے گزرتا ہوں اور باقی دعا مکمل کرنے لگتا ہوں۔سید الاستغفار کے ان الفاظ پر پہنچتا ہوں **انا علیٰ عھدک و وعدک مااستطعت** ۔۔۔سامنے کوئی خوبصورت خاتون بورڈ پر توبہ شکن حالت میں بیٹھی دکھائی دیتی ہیں۔بدن پر ایک گرہ کپڑا بھی نہیں ہے۔لیکن فوٹو گرافر کا کمال یہ ہے کہ بازو کے ایک زاویے سے سینے کی پوری ستر پوشی کر دی ہے اور ٹانگ کے ایک زاویے سے زینت کی بھی ستر پوشی ہو گئی ہے۔لیکن ایسی تصاویر اپنی تاثیر کے لحاظ سے بالکل گندی تصویر سے زیادہ ''ہدف بہ تیر'' ثابت ہوتی ہیں۔اور میں بار بار یہی الفاظ وِرد کئے جاتا ہوں۔**انا علیٰ عھدک و وعدک ماا ستطعت .... ماا ستطعت ..... مااستطعت .... مااستطعت** ... استطاعت سے زیادہ کچھ کیا بھی تو نہیں جا سکتا۔

یہاں تک لکھنے کے بعد مجھے ان مولوی صاحب کا لطیفہ یاد آ گیا ہے جو جمعہ کے خطبہ میں اس کرب کا اظہار کر رہے تھے کہ معاشرے میں بے حیائی اور عریانی بہت زیادہ پھیل رہی ہے اور پھر بطور ثبوت انہوں نے جزئیات میں جانا شروع کیا تو ایک نمازی نے کھڑے ہو کر التجا کی جناب! آپ نے جمعہ کی جماعت کھڑی کرانی ہے یا ہمیں کسی ابتلا میں ڈالنا ہے؟

سو مجھے بھی ایسا کچھ نہیں کرنا، اپنے ابتلا سے خود ہی گزرنا ہے۔جو کچھ زمیں دکھائے سو ناچار دیکھنا اب ہماری اگلی نسلیں اس مغربی ماحول میں کس حد تک خود کو بچا سکیں گی؟ یہ تو خدا ہی بہتر جانتا ہے لیکن

حقیقت یہ ہے کہ یہاں بزرگوں کے شوق ہی پورے نہیں ہو رہے۔ پچاس سال سے ساٹھ سال تک کی عمر کے کئی پاکستانی جوڑے ایک دوسرے سے علیحدگی اختیار کر چکے ہیں۔ کہیں خواتین کو معاشی تحفظ ملا ہے تو انہوں نے خاوندوں کو چھوڑ دیا ہے اور کہیں مردوں کو کوئی نئی چمک دکھائی دی ہے تو انہوں نے عمر بھر کے ساتھ کو توڑ کر رکھ دیا ہے۔ وفا کے کئی ایسے بھرم ٹوٹے ہیں جو مشرقی ماحول میں مجبوریوں کے باعث بنے ہوئے تھے۔ یورپ میں جہاں یہ احساس ہوا کہ ہمیں معاشی لحاظ سے کوئی مسئلہ نہیں رہے گا اور معاشرتی طور پر بھی کوئی دباؤ نہیں رہے گا تو مشرقی روایات کے سارے بھرم ٹوٹ کر بکھر گئے۔ لیکن صرف مغرب میں مقیم ہم لوگوں کا ہی ذکر کیوں؟ اب تو پاکستان بھی انٹرنیٹ اور ٹی وی چینلز کی برکت سے، حرکات کے لحاظ سے لگ بھگ آدھا یورپ بن چکا ہے۔ فرق صرف اتنا ہے کہ یہاں جو کچھ ریلوے اسٹیشنوں اور بس اڈوں پر سرِ عام دکھائی دیتا ہے وہاں وہ سب کچھ اور اس سے سوا بھی بہت کچھ، انٹرنیٹ پر اور ٹی وی چینلز پر دستیاب ہے۔ ایک حالیہ سروے کے مطابق انٹرنیٹ پر فحش ویب سائٹس پر کثرت سے جانے والے ممالک میں پاکستان تیسرے نمبر پر ہے۔ میڈیائی یلغار اور مغربی تہذیب کی چکا چوند کے ساتھ قناعت کا دامن ہمارے ہاتھوں سے چھوٹ گیا ہے۔ لیکن اس کی ایک اور وجہ بھی ہے، پاکستان میں ایک طرف لوٹ مار کرنے والے مقتدر طبقے ہیں تو دوسری طرف غربت اور بھوک کی ماری ہوئی رعایا ہے جو قناعت کا درس بھول گئی ہے۔ عوام کو معلوم ہو گیا ہے کہ ایک طویل عرصہ سے انہیں قناعت کا درس دینے والے اور دلانے والے ملی بھگت کے ساتھ ان کا استحصال کر رہے ہیں۔ درس دلانے والے لکھ پتی سے کروڑ پتی اور اب ارب پتی بنتے جا رہے ہیں۔ قناعت کا درس دینے والے بھی لکھ پتی سے بڑھ کر کروڑ پتی ہو گئے پھر بھی بھوکے ننگے عوام کو ہی درس دیا جا رہا ہے کہ قناعت سے کام لیں اور وطن کے لئے مزید قربانیاں دیں۔ عوام اس فریب سے آشنا ہو گئے ہیں اسی لئے اخلاقی مسائل کے ساتھ افراتفری کا سماں بڑھتا جا رہا ہے۔

اس وقت دنیا کو مذہبی انتہا پسندی سے شدید خطرات لاحق ہیں۔ کسی ایک مذہب یا مسلک کو قصوروار کہے بغیر میرے نزدیک ہر مسلک اور مذہب کے انتہا پسند انسانیت کے لئے شدید خطرہ ہیں۔ میرے ذاتی خیال کے مطابق ہر مسلک اور مذہب کے پاس کچھ ایسی بنیادیں ہوتی ہیں جن پر وہ باقاعدہ قائم اور استوار ہوتا ہے۔ اسی لئے اس کے پیروکاروں کے لئے اس پر کاربند رہنے کا کچھ جواز بنتا ہے۔ اسی طرح ہر مذہب اور مسلک میں کچھ ایسے کمزور پہلو بھی ہوتے ہیں جن کی بنیاد پر ان پر مدلل اعتراض وارد ہوتے ہیں بس جہاں ایسے اعتراضات میں شدت آتی ہے وہیں دوسرے مذاہب کے لوگوں کو بھی اپنے مخالف کے کمزور پہلوؤں پر حملہ کرنے کا موقعہ مل جاتا ہے۔ یوں مذہبی نفرتیں بڑھتی ہیں۔ عمومی طور پر ہمارے تہذیبی اور ثقافتی میلان کے ساتھ ہمارا نفسیاتی میلان ہمیں کسی مسلک پر کاربند رکھتا ہے۔ یا پھر بھیڑ چال کا نسل در نسل رویہ بھی ہمیں ہانکتا ہے۔ یوں کوئی انتہائی جذباتی اور مشتعل قسم کا سچا مومن اگر کسی مسیحی، یہودی، ہندو یا سکھ گھرانے میں پیدا ہوتا تو وہاں بھی وہ اتنا ہی مخلص، سچا، کھرا، جذباتی اور مشتعل قسم کا مسیحی، یہودی، ہندو

یا سکھ ہوتا۔ میں ہر مذہب کے اس قسم کے مومنین کا احترام بھی کرتا ہوں اور ان سے ڈرتا بھی ہوں اور ہر سال اکبر حمیدی کے الفاظ میں دعا کرتا ہوں:

یارب العالمین! ترے لطف سے رہیں
محفوظ ''مومنین'' سے ''کفار'' اس برس

مجھے مذہب اور سائنس کے اس پہلو سے دلچسپی ہے جہاں سائنس آزادانہ طور پر کائنات اور اس کے بھیدوں کی نقاب کشائی کا کوئی مرحلہ سر کرتی ہے اور **لا الـــہ** ۔۔کا منظر دکھاتی ہے اور وہیں کہیں آس پاس سے مذہب کی بخشی ہوئی کوئی روحانی کیفیت یا کوئی مابعد الطبیعاتی لہر مجھے اس نفی میں سے اثبات کا جلوہ دکھاتی ہے اور **الا اللہ** کی صدائیں آنے لگتی ہیں۔اور یہ سارا سائنسی اور مابعد الطبیعاتی آہنگ میری ادبی جمالیات میں میری ادبی استطاعت کے مطابق اپنے رنگ دکھانے لگتا ہے۔کمپیوٹر کے چِپ کی کارکردگی منکر نکیر اور یومِ حساب پر ایمان پختہ کرتی ہے تو کلوننگ کا تجربہ حیات بعد الموت کا سائنسی ثبوت دے کر اس عقیدہ پر مجھے مزید راسخ کرتا ہے۔خلا کو نکال دینے سے ساری کائنات کا مادہ سوئی کی نوک پر سما جانے ،اور پھر کسی اینٹی میٹر کے اس سے ٹکرانے کے نتیجہ میں اس کے بھی غائب ہو جانے کا سائنسی دعویٰ مجھے اس قیامت پر پکا یقین دلاتا ہے جس میں ساری کائنات فنا ہو جائے گی اور صرف خدا کی ہستی باقی رہے گی۔ میرا شروع سے یہی خیال رہا ہے کہ سائنس خدا کی نفی کرتے ہوئے اسی کی طرف جا رہی ہے، مذہب روحانی طور پر اسی کی طرف سفر کراتا ہے اور ادب بھی جمالیاتی سطح پر اسی حقیقتِ عظمیٰ کی طرف سفر کرتا ہے۔اور بس۔۔۔بات اپنے نام کے حصے بخروں کی داستان سے شروع ہوئی تھی اور اس کے نام پر تمام ہو رہی ہے جو اس ساری بھید بھری کائنات کا مالک و خالق ہے۔

سب موت کا شکار ہیں اس کو فنا نہیں
رہے نام اللہ کا!

☆☆☆